「やってはいけない」子育て

非認知能力を育む6歳からの接し方

中山芳一 著

日本能率協会マネジメントセンター

はじめに

「どうして、日本の保護者のみなさんは、プラスαの子育てばかりしようとされるんですか？」

以前からよく一緒に仕事をしてきたスウェーデンの校長先生（実は、日本人女性の方）とリモートで打ち合わせをしていたときに出てきた質問でした。

彼女は、高校生〜大学生にかけてのスウェーデン留学がきっかけで、そこからスウェーデンの学校現場で働くようになり、いまでは校長先生になられています。

そんな彼女が、別の国から日本の子育てを見ていて生まれた疑問……。これを聞いたときには、かなりのインパクトがありました！

小さい時から○○教育をさせておいたらいいらしいよ！

やっぱり、お子さんの受験は幼稚園からさせないと！

□□大学に合格させるなら9歳までにこれをやらせないと！

……などなどなど

これらが、いわゆる「プラスα」の子育てです。

そう考えたら、日本には、本当にたくさんの「プラスα」があります。知育や勉強はもちろんのことながら、スポーツや芸術にかかわるようなものも、いわゆる習いごとやお稽古《けいこ》ごとと呼ばれるもの、さらには新しいヨコ文字やアルファベットの教育プログラムに到るものまで……。

岡山県（地方）在住の私でさえそう感じるぐらいですから、都心部にいらっしゃるみなさんはなおさらでしょう。

そのような中で、

「うちの子、小学校に入学する前に始めたんですよ。だって、1年生になってからじゃ遅いでしょ！」

などという声が聞こえてきたりすると、かなりのプレッシャーがかかってしまうのではないでしょうか？

そして、多くの方々はこんなふうに思ってしまいますよね？

「うちの子、大丈夫だろうか？」

私も３人の子どもの親ですから、多くの方々がそんなプレッシャーを感じていることは想像できます。

そこに来て、先ほどのスウェーデンの校長先生の話になるんですよね。

そっか、私たちの多くは、「プラスα」の子育てばかりをしてしまっているのかもしれない……。

いつの間にか、そんな子育てにとらわれてしまっていて、やたらとプレッシャーや焦りを感じていたのかもしれない……。

私は、彼女からの質問にそんな思いを抱いてしまったんです。

それでは、スウェーデンの子育てはどんな感じなんだろう？

もちろん、スウェーデンが日本よりも優れているとか日本の方が劣っているとかではありません。純粋に気になった私は、彼女へ逆にたずねてみました。

彼女の答えはこうでした。

スウェーデンでは、わが子に対して「これをさせなきゃ」「あれもさせなきゃ」という発想よりも、「これをしてはいけない」「あのようなかかわり方はよくない」という発想のほうが強いとのこと。

そして、親としてわが子に「やってはいけない」子育てをやらないだけで、あとはわが子に委《ゆだ》ねて、自ら育っていくことを信頼するだけなんだそうです。

私は、やっぱりここでも衝撃を受けてしまいました！

「親」という漢字は、木の上に立って子どもを見守るという意味合いから生まれた漢字でしたよね。

昔の人はうまいこと言うなぁと思いますが、いま、こうやって子どもを信頼し、離れたところから見守っている親御さんはどれぐらい日本にいるんでしょう……。

スウェーデンの子育てと全く同じ発想と方法を日本でもやりましょうとまでは言いませんが、私は「やってはいけない」子育てという言葉に、やたらと興味をそそられてしまったわけです。

「やってはいけない」子育てって、一体子どもに何をやっちゃいけないんだ⁉　みなさんはイメージできますか？


これまた彼女に尋ねてみたところ、かえってきた答えを聞いて、私はとてもスッキリしました。

答えは、「子どもの権利」をまもること！

なんともシンプルな答えですね！

しかし、いざ子どもの権利をまもろうとすると、それはそれで気を付けなければならないこともあるんですよね。

奇《く》しくも、この2023年4月よりこども家庭庁ができ、これまで以上に子どもを中心に据えた国にしていこうという方針が出されました。

そして、このタイミングで「こども基本法」も正式にスタートすることとなりました。

このこども基本法こそ、子どもの権利をまもっていくための法律ともいわれているのをご存知ですか?

これからは、子どもの権利を私たち大人が知り、子どもの権利をまもることを当たり前にしていく……。

それが結局のところ「やってはいけない子育て」をやらないことになるんでしょうね。

本書では、そんな「やってはいけない子育て」とは何なのか、どうすればよいかを説明していきたいと思います。

また、子どもの権利の話だけでなく、いま、注目を集めている非認知能力のことや、6〜12歳の子どもの発達段階でもある児童期（学童期）の特徴などを踏まえて、「プラスα」の子育てとは違う、「やってみたい」子育てについても提案していきます。

それでは、これから一緒に6歳からの子育てについて考えていきましょう！

ぜひ、このまま読み進めていってください。

2023年6月

中山　芳一

この本では、上の図にある通り、前半で「やってはいけない」子育てについてご説明をした上で、後半では「やってみたい」子育てについてご提案していきます。

目次

CONTENTS

CONTENTS

第Ⅲ部 「やってはいけない」から「やってみたい」子育てへ 179

第1部
「やってはいけない」子育て

CHAPTER 01
「やってはいけない」をやらないだけ

何をやってはいけないの？

さきほどの「はじめに」でも紹介しましたが、私たちの子育てには、「プラスα」の子育てである以前に、「やってはいけない」子育てがあります。

つまり、「やってはいけない」というぐらいですから、そこには明確なＮＧの基準があるということですよね。

その基準が「子どもの権利」から生まれてくるわけです。

「権利」なんて言葉を見ると、とたんに難しかったり堅苦しい感じがしませんか？

それは私も同感です。

だから、ちょっとここで「権利」という言葉についてみなさんと確認しておきたいと思います。

いきなりですが、基本的に私たちは自由でありたい、幸福でありたいと思いながら生きていますよね。

でも、この自由や幸福って、一歩間違うととても危険な言葉なんです。

例えば、自由だから電車の中で大きな声でしゃべってもいいとか、幸せになりたいから誰かを傷つけてもいいとか……。当然のことながら、これはダメですよね。

なぜなら、そうすることでほかの人たちに迷惑をかけてしまうからです。


つまり、私たちが自由でありたいとか幸福でありたいと思うときには、決して自分一人だけの自由や幸福ではなく、周囲の人たちや社会全体の中で、お互いが自由や幸福でなければならないわけです。

さて、次のイラストのように、まず一人の子どもが風船をふくらませていたとしましょう。このとき、この子は一人だけですから、風船が割れない限りひたすら自由に風船をふくらませることができます。ところが、ここにもう一人の子どもが風船をふくらまし始めたらどうでしょうか？

この瞬間から「自分だけの自由（幸福）」が「ほかの人たちとシェアする自由（幸福）」へと切り替わったわけです。どちらか一方の子どもが思い切り風船をふくらまし始めたら、もう一方の子どもは大変ですよね。

こういう状態が起こってしまうと、自由や幸福をお互いにシェアすることなんて、到底できなくなってしまいます。

そこで、私たちはお互いに「ここまで風船をふくらませることができるよね」というラインを作るわけです。

このラインのことを、私たちは「権利」と呼んでいます。

この権利を作ることによって、お互いに相手の権利を侵害しないように気を付けますし、権利を侵害されることによって、法的な罰則を与えられるようにもなりました。

そして、権利があることによって、私たちは相手の権利をまもろうとします。

それは、相手の権利をまもることが、自分の権利がまもられることになるからですね。相手を傷つけないということは、自分も傷つけられない……という原則が成立するわけですから、権利はとてもありがたいものなんです。

そして、この権利というのは、私たちが生まれながらに、自然発生的に持ち合わせているものではないということも忘れてはいけません。

つまり、社会がこれまでの歴史の中で、いろんな権利というものをつくってきたことになります。

なぜでしょう?

それは、「できなくなっている」ということにその時々で気づかされて、「あっ、これはできるようにしなきゃ!」と自覚するようになってはじめて、権利という形になるからです。

例えば、一昔前の日本では「女性は(外で働かずに)家を守るものだ」という考えがありました。いまとなっては信じられないことですが、当時はそれが当たり前のようになっていたわけです。

しかし、「それってちがうよね」「海外では、男女関係なく働いているよ」などと気づかされるわけです。「女性も男性と同じように働くことができる」と……。

そこで登場するのが権利です。女性も遠慮なく働くことができる権利を持っているんだとはっきりしていれば、「女性は家を守るもんだ」なんていう人が現れたときに、「それって『権利侵害』ですよ！」と言えるわけです。

このように、権利とはとってもありがたいものであり、権利は社会や時代の必要に応じて作られるものだとご理解いただけたと思います。

そこで、改めて「子どもの権利」に目を向けてみましょう。

まずは「子ども（児童）」とはいったいだれを指しているのでしょうか？

これは国内的にも、国際的にも明確で、基準は18歳です。つまり、18歳未満が子ども（児童）であり、18歳を超えると子ども（児童）ではなくなります。

ということで、18歳未満が子ども（児童）となるわけですが、ここで子どもだからこそ必要な権利があるよね、という考えに到ります。

先ほどの話を思い出してください。

権利はその人たちの「できない」からつくられる場合がありました。

そのため、子どもの権利とは、子どもであるがために「できない」があって、その上で「できるようにしよう」と権利がつくられたことになります。

例えば、子どもは体がとっても弱い状態で生まれてきますよね。

スイスの生物学者であるポルトマンという人は、人間の子どもがとっても弱くて未熟な状態で生まれてくることを「生理的早産」と言いました。

もともと二足歩行の人間は、骨盤が狭まっているため、四足歩行のほかの動物よりも赤ちゃんを産み出しにくく、さらには脳の発達による大きな頭も相まって、できるだけ早く生み出されるようになったといわれています。

このような理由から、私たちは赤ちゃんのときはとても弱くて未熟です。

だから、誰かに守ってもらわない限り、生きていくことが「できない」。

そのために、弱くて未熟な子どもが「生きることができるようにしよう」という権利ができ、子どもの「生きる権利（生存権）」として銘打たれたわけです。

また、子どもは単に生きるだけでなく、すくすくと育ち、学ぶことができなければなりません。これは子どもの「育つ権利」であり「学ぶ権利」ですね。

さらに、虐待や人身売買の被害にあいやすいのも子どもです。

子どもは、まだまだ力も弱くて大人の支配下に置かれがちであるため、こうした被害にあわないように守られなければなりません。

つまり「守られる権利」というものができるわけです。

ちなみに、こうした最低限基本的な子どもの権利を侵害することは、「やってはいけない」子育てではなく、「最もやってはいけない」子育て（というよりも虐待）として本書では位置づけています。

そしてもう1つ、一人の人間として自分の思いや意見を表明することができるように、子どもが「意見を表明する権利（意見表明権）」をつくりました。

また、自分のやりたいことがあれば、大人からの妨げなく参加することもできるように「参加する権利（参加権）」もできたんです。

このあとは、次の権利を中心に「やってはいけない」子育てを説明していきたいと思います。

- **生きる権利（＝生きることができる）**
- **育つ権利（＝育つことができる）**
- **学ぶ権利（＝学ぶことができる）**
- **守られる権利（＝守ってもらえる）**

●意見を表明する権利（＝意見を表明できる）
●参加する権利（＝参加することができる）

これらの子どもの権利は、いずれも子どもであるがために「できにくくなっているから、できるようにしよう」ということでつくられたものです。

そして、この子どもの権利は国際連合で１９８９年に「子どもの権利条約（児童の権利に関する条約）」として採択されました。

その後、日本も今から約30年前の１９９４年に締約国（この条約をまもる国）となりました。

だから、私たち日本国民一人ひとりは、本来であれば、子どもの権利条約に書かれている子どもの権利をまもらなければいけないわけなのです。

しかし、実際にみなさんは、この子どもの権利条約をご存知でしたか？

正直なところ、私もこういう仕事をしていなかったら、怪しいところです。

一般の方々になればなおさらでしょう。

ですから、子どもの権利条約のことをみなさんが知らなかったとしてもがっかりしないでくださいね。知らなければ、これから知ればいいわけですから！

ちなみに、実際にどんなことが書かれているかは、次の通りです。

どの国にも共通したメインの42か条を「子どもは……」という子どもを主語にした言い方にして、シンプルに意訳してみましたので、参考にしてください。

子どもの権利条約（児童の権利に関する条約）超意訳版

1条●この条約で「子ども」は18歳未満のすべての人です

2条●子どもは人種や性別などで差別されません

3条●子どもは国や大人たちから自分にとってベストなことを考えてもらえます

4条●子どもは国にこの条約をまもってもらえます
5条●子どもはすくすく育つサポートをしてもらえます
6条●子どもは生きること、育つことができます
7条●子どもは名前や国籍を持って、親に育ててもらえます
8条●子どもは名前や国籍をうばわれないように、国からまもってもらえます
9条●子どもは親に問題がなければ、親と一緒にくらせます
10条●子どもはほかの国に親や家族がいても、連絡をとることができます
11条●子どもは無理やりほかの国に連れていかれません
12条●子どもは自分の意見を自由に表すことができます
13条●子どもはいろいろな方法で情報や考えを伝えられます
14条●子どもは考え方や宗教を自分で選ぶことができます
15条●子どもは必要なときに集団をつくることができます
16条●子どもは知られたくないことを秘密にできるし、自分の評判が傷つかないようにまもられています

17条●子どもは情報を手に入れられるし、よくない情報からまもられています
18条●子どもは親に育てられ、親は国から助けてもらえます
19条●子どもは親による虐待からまもられます
20条●子どもは親と一緒にくらせないときは、代わりの親とくらすことができます
21条●子どもは、養子になるとき国がふさわしいと認めた親に育ててもらえます
22条●子どもは難民となってほかの国に行っても、その国でまもってもらえます
23条●子どもは心や体に障害があっても、十分に生活することができます
24条●子どもは、健康でいるための医療や保健のサービスを受けられます
25条●子どもは施設にいるとき、その施設が安心・安全かどうかを調べてもらえます
26条●子どもは、生活することが難しいときは国からお金などを助けてもらえます
27条●子どもは心や体が成長するような生活をおくることができます
28条●子どもはみんなひとしく教育を受けられます
29条●子どもは教育によっていろいろな力を伸ばせます
30条●子どもは少数の民族であってもその文化や考え方をまもってもらえます

31条●子どもは休んだり遊んだりできるし、文化活動やスポーツ活動へ参加できます

32条●子どもは危険な仕事や、教育を受けさせてもらえないような仕事からまもられています

33条●子どもはドラッグなどからまもられています

34条●子どもは性的な暴力からまもられています

35条●子どもは誘拐や人身売買からまもられています

36条●子どもはほかのだれからも幸せをうばわれません

37条●子どもは拷問や死刑などのひどい扱いを受けません

38条●子どもは戦争が起きても巻き込まれたり、兵士として連れていかれたりはしません

39条●子どもはひどい扱いによって心と体が傷ついたとき、その傷をいやしてもらえます

40条●子どもは裁判をうけても社会へ戻る助けを受けられます

41条●子どもは「子どもの権利条約」よりもさらによい法律や決まりを使うことができます

42条●子どもは「子どもの権利条約」を知ることができます

いかがでしたか？　子どもの権利条約として書かれている子どもの権利のことを少しでもわかっていただけましたか？

なお、できるだけシンプルにしたものですので、もっと原文に基づいた詳しい内容をお知りになりたい方は、インターネットなどで「子どもの権利条約」と検索してみてください。

こうやって改めて見てみると、別に大したことが言われているわけではない、むしろ当たり前のことばかりじゃない……と思われた方もいますよね？

そうなんです、その通りなんです！

たしかに、ここに書かれていることが当たり前であればあるほど、子どもにとって健全で幸せな環境であることに間違いはないでしょう。

でも、ちょっと待ってください！　本当に私たち親は、これらを当たり前のようにできていますか？

例えば、先ほどの12条はどうでしょう？

「あなたは子どもなんだから、お母さんの言うことを聞いていればいいのよ」

「あなたはいま○○○○をやったほうがいいから、素直に言うことを聞きなさい」

などと親の言うことを一方的に聞かせていませんか？

また、同じように31条はどうですか？

「ぼーっとしてるヒマがあるんなら何かやりなさい」

「そんなに遊んでばかりじゃなくて、勉強しなさい」

などと、ぼーっとしているのは無駄な時間、遊びよりも勉強が大事というように大人の価値観を押し付けて、子どもの余暇や遊びをないがしろにしていませんか？

もし、言い方は違っていたとしても、知らず知らずのうちにこれらと同じような意味合いのメッセージを私たちが発してしまっていたとすれば、当たり前だと思っていたはずの子どもの権利はまもられていないことになってしまいます。

先ほどの「最もやってはいけない」子育てのように、児童虐待などをしないのは当然のこととしても、12条の意見を表明する権利や31条の余暇・遊びの権利や活動への参加の権利については、無意識のうちに「権利侵害」をお子さんにしてしまっているかもしれないので要注意です。

それこそが「やってはいけない」子育てに通じることになります。

ということでここからは、子どもの権利のまもり方について深掘りしていくことにしましょう。

権利をまもるといっても……

先ほども説明しましたが、子どもの権利を国としてまもることをわが国がはっきりさせたのは1994年です。

この年から「子どもの権利条約」をまもるぞ……となったのですが、残念ながら30年もの年月が経とうとしているのに、あまり私たちの中に浸透していません。

そこで、2023年4月からこども家庭庁が発足するのと同時に、「こども基本法」という法律がスタートしました（法律そのものができたのは2022年の6月です）。

そもそも、障害のある方々をまもるための国際条約や女性を差別からまもるための国際条約は、すでに基本法として法律になっているのですが、このこどもの権利に関しては、だいぶ遅れをとってしまっていました。

それが、ここにきてやっと法律になって、「本気で子どもの権利をまもろう！」という方向性になったのです。

これは、学校や学童保育所、幼保こども園の先生だけがまもらなければならないのではなく、大人としてだれもがまもらなければならないものであるということをくれぐれも知っておいてください。

さて、それではこのこども基本法ですが、大きくは4つのことをまもっていこうという法律になっています。

ここが先ほどの子どもの権利条約と重なってくるわけですね。

1つ目は、子どもは命をまもられて成長することができる。

2つ目は、子どもは障害や国籍などで差別されることはない。

3つ目は、子どもは意見表明ができて、いろいろな活動や団体への参加もできる。
4つ目は、子どもにとっての最善の利益が保障されている。

繰り返しになりますが、私たち大人がこれら4つをまもることが法的に求められるようになったわけです。

でも、ちょっと待ってくださいね！　子どもの命をまもるとか、子どもを差別しないとか、これらについてはとても明確でわかりやすいのですが、子どもの意見にしっかりと耳を傾けるというのは、どうでしょう？

子どもが「あれをしたい」「これもしたい」「あれやって」「これやって」といろいろなことを私たち（特に親）へ伝えてきたとします。
もちろん、何も伝えられないよりは、伝えてくれた方がよいのですが、その中にはいわゆる「無理難題」だって含まれることは少なくありません。

そんなときに、「あっ、これが子どもの意見表明権だよな」と子どもの無理難題をなんでもかんでも受け入れることが、本当に子どもの意見表明権をまもっていることになるのかというと、それはやはりちがいます。

ここでいう、子どもの意見表明権をまもるというのは、あくまでも親と子どもで「合意をつくる（合意づくりをする）」ということなんです。

この合意づくりというのは、親のほうがマウントをとって一方的に言うことを聞かせるとか、「子どものくせに生意気よ」などと子どもの意見をないがしろにするとか、そういうことをやめましょうと言っているのであって、決して大人が子どもの言いなりになりましょうと言っているわけではありません。

つまり、子どもと大人がお互いに意見を出し合って、どこで納得ができるのか、どこで折り合いをつけていけばよいのかを決めるということです。

結局のところ決定的に「やってはいけない」ことは、子どもに対する「全否定」と「押し付け」の2つになります。
例えば次のような例がそれに当たります。

【全否定】

子「このお菓子ほしい！」
親「いつもわがままばかり言って！　買いません！」

⬅

子「このお菓子ほしい！」
親「この前食べてたよね。今日は買ってあげられないけど、
　今度来るときに買うのはどう？」

【押し付け】

子「もっとゲームしてたいよぉ〜！」
親「ゲームは1時間って約束したでしょ！　禁止にするよ！」

⬅

子「もっとゲームしてたいよぉ〜！」

親「ゲームは1時間って約束したよね？　あの約束はどうする？」

子「やっぱり1時間は少ないよぉ〜！」

親「じゃあ、約束を変えないといけないね。どんな約束にすればいい？」

いかがでしょうか？　「全否定」と「押し付け」を変えてみた一例を紹介してみました。

もちろん、矢印のあとに出てくるようなかかわりを必ずしましょうということではありませんし、状況によっていろいろと変わってくるでしょう。

ひょっとしたら、みなさんの中には「こんなお手本みたいなやりとりができたら苦労しない」と思われる方もいらっしゃるかもしれないですね。

そう、お手本みたいなやりとりをすることが大切なのではなく、「全否定」と「押し付け」をやってはいけないということそのものが大切なんです。

こども基本法は「ルール」です。

極端ですが、サッカーでゴールキーパー以外の選手が手を使わないのもルールです。このルールを難しいから守れないなんて言ってしまえば、当然サッカーのようなルールのあるスポーツはできません。

本当に極端な例かもしれませんが、あえていってしまうなら、この「やってはいけない」というのは、それぐらい守ってほしいルールなんです。

もちろん言うまでもなく、子どもをたたく、食事をあげない、病院に連れて行かない……などは、絶対にまもらなければならない「最もやってはいけない」子育て（児童虐待）というレベルですが、それよりももっと手前にある全否定や押し付けも、やはり子どもに「やってはいけない」こととして、私たちが肝に銘じておかなければならないルールなんです。

なんだ、たったそれだけのことか⁉

そんなの当り前じゃないか⁉

こんなことネットにも出てくることじゃないか‼


読者のみなさんからそんな声がいまにも聞こえてきそうです。

そうなんです。当たり前のことを言っているだけなんです。

もう少し言ってしまえば、この「全否定」と「押し付け」がNGというのが当たり前だと思えている人は、もうすでに「やってはいけない」子育てを当たり前のようにやっていない方々なのかもしれませんね。


しかし、本当に胸を張って、私はわが子に「全否定」と「押し付け」をせずに、お互いに意見を表明し合って健全に合意をつくっている……と言えそうですか?

ちなみに、いまこうしてこの本を書いている私自身も、胸を張って言うことはできません。本当に残念ながら、わが子に対して全否定してしまったことも、無理やり自分の意見を押し付けてしまったこともあります。

その原因もはっきりしています。多くの場合、感情的になったときや急いでいて余裕のないときですね……。

先ほど、サッカーのルールを例に出しましたが、ルールはまもるべきものです。そのため、私がついついやってしまったわが子への全否定や押し付けは、そのたびに審判から反則のフエを吹かれているようなものだと思わなければなりません。

そう考えると、結構大変だと思いませんか?

だから、プラスαの子育てをする前に、たったこれだけのことをやらないというのを揚げてみたんです。

それぐらいシンプルにしておかないと、「あれもNG、これもNG」で、やってはいけないことだらけだと今度はこっちの身が持ちませんよね。

だから、わが子への「全否定」と「押し付け」だけは、ときどきフエを吹かれちゃうかもしれませんが、常態化してしまって退場や失格にだけはならないようにくれぐれも気を付けましょう。

さらに、注意すべきことがあります。「やってはいけないこと」が当たり前になるのはよいのですが、油断してしまったときに起きてしまいがちなのが、「忖度《そんたく》問題」や「ダブルバインド（二重拘束）問題」と「パターナリズム（父権主義）問題」です。

こちらについても注意喚起《かんき》のため説明しておきますね。

まず、「忖度問題」は言葉の通りです。

こちらがわが子と合意をつくることに一生懸命注意していても、わが子はどうしても相手が大人（特に親）であることを気にしてしまい、本当はイヤなんだけどイヤと言わずに受け入れてしまう……それをこちらはわが子と合意をつくれたととらえてしまう……という構図です。

子どもも大人も、多くの人たちが経験したことがあるのではないでしょうか。
特に、見えない力関係が働いてしまっているときは、とても難しいですよね。
そのため、まったくもって忖度をゼロにできるかどうかはわかりませんが、イヤならイヤと言える経験ができるようにしてあげたいものですし、何よりもわが子が「イヤ」と言えたことを喜べる大人（親）になりたいですよね。

つまり、「イヤ」と言えたわが子をほめられる親になるということでしょうか……。

そんな親の反応を見て、「イヤなときにはイヤって言ってもいいんだ」と理解してくれたらしめたものですね！

次に、「ダブルバインド（二重拘束）問題」です。
これも有名な子育ての落とし穴の1つです。

ひと昔前の学校の先生で、「そんなに授業中しゃべるなら出ていけ！」と言い放ったかと思えば、実際に生徒が出ていこうとすると「待て！　いまは授業中だぞ！」と逆のことを言ってしまう……これもダブルバインドになります。

大人（特に親）たちの発言や態度の中に、こうした矛盾した内容が重なってしまうと、当然のことながら子どもは混乱してしまうわけです。

特に、第Ⅱ部でもふれますが、小学生の3・4年生以降になると、この矛盾に違和感を強く持ち始め、信用できない存在として大人を認識するようになるでしょう。そういう大人とは合意をつくろうと思えなくなるし、そこから「この人には何言ってもわかってもらえない」というあきらめに近い気持ちによって「忖度問題」へつながることさえあり得るでしょう。

そして、「パターナリズム（父権主義）問題」ですが、これは「いままで誰のおかげで生活できていると思っているんだ」とか「あなたのことをここまで育ててきたのに……」といった言葉を使って、わが子に言うことを聞かせようとしているときによくあらわれるものです。

わが子にNOを言わせないために、その子からしてみればどうにもできない全否定をしてしまっています。

これもまた、その子の拒否権を奪い、健全な合意づくりができないようにしているわけです。

この忖度問題も、ダブルバインド問題も、パターナリズム問題も、怖いのは案外こちら側に自覚がないことです。

つまり、私は全否定も押し付けもすることなく、わが子の意見に耳を傾けて健全に合意づくりをしているつもりになっていても、気づかない間に見えない圧をわが子にかけてしまっている場合が少なくありません。

だからこそ、私たちは「やってはいけない」子育てを当たり前のこととしてとらえる一方で、実際の行動としては当たり前ではないのかもしれないという注意も払っておく必要があるでしょう。

「やってはいけない」をやらないとどうなるのか？

使い古された話ですが、植物を育てることと人を育てることとを重ね合わせた話をご存知ですか？

植物も人も、まわりの環境から育ててもらうのと同時に、自分自身で育つこともできます。この二つのバランスを見誤ってしまうと、水や栄養を与えすぎてしまった植物は、根腐れを起こしてしまいます。

子育てについても、与えすぎたり、特定の何かをさせすぎたりすると、植物でいうところの根腐れのようなものを起こしてしまうと考えられます。

逆に、植物に必要となる水や栄養を与えない、植物が育つ場所へ置いてあげられていない……となると、根腐れどころか植物は枯れ果ててしまうでしょう。

もちろん、枝葉や根っこを無下《むげ》に傷つけるというのも植物の命にかかわります。

これが、育児放棄（ネグレクト）であったり、体や心や性に対する虐待であったりと重なってくるわけです。

こうした児童虐待によって、子どもの心や人格は深く傷つけられてしまい、脳の中にまでダメージを与えてしまいますので、まさに「最もやってはいけない」ことです。

それでは、ここまでみなさんと確認してきた子どもの権利、特に子どもの意見に耳を傾けて健全に合意づくりができていない場合はどうでしょうか？

先ほどの植物を例にするなら、この「やってはいけない子育てをしないこと」こそが、植物に適度な栄養や水分を与え、植物が育つために適した場所へ置くことではないだろうかと考えています。

そうすることで、植物と同じで、根腐れを起こすことも、枯れ果てることもなく、自分自身で育つ機会を持てるようになり、すくすくと自ら育っていけるのではないでしょうか。

ただし、子どもと植物とでは育つ時間の長さや育つ過程の複雑さなどがまったくもって異なっています。

栄養や水を「適量」といっても、子育てではいったい何をどれぐらいのさじ加減にすればよいのかはわかりにくいですよね。

そのための基準こそが、「やってはいけない」子育て……つまり、子どもの意見に耳を傾け、子どもとの健全な合意づくりを大切にする子育てなのです。

子育ては、本来なら親によってそれぞれのやり方があるのかもしれません。それは、一人ひとりの子どもに適した子育てといっても過言ではないでしょう。

また、先ほどの通り、子どもは周囲から与えられるだけでなく、自ら育つこともできる存在であるため、最終的にこちらが与えてきたものがよかったかどうかという「答え」はわからないままとなってしまいます。

そして何よりも、いったい何をもって、どのタイミングで「答え合わせ」をすればよいのかもわかりません。

だから、いままで私の中では、子育ては「正解がないもの」でした。

しかし、いまあえて子育てに「正解がある」とすれば、それは子どもの権利をまもることなのかもしれないと考えるようになりました。

このまもるべきところをまもってさえいれば（やってはいけないことをやらなければ）、その先の答えはわが子に委ねてしまえばいい！

そうはいっても、やっぱりわが子の将来が不安だし……というお気持ちもあるかもしれませんが、一人の親として「やってはいけない」子育てをできるだけやらないようにがんばってきたことが十分に「よい親」であり、その上で自ら育っていった子どもは十分に「よい子」であると思ってみませんか？

「プラスα」の子育てをしている親だけが、必ずしも「よい親」というわけではありません。「プラスα」によって得られる「親にとっての安心感」と「わが子が育つこと」とは、決して同じではないのですから……。

さて次の章では、子どもの権利に基づいた「やってはいけない」子育てについて、チェックリストなども使ってさらに深掘りしていきたいと思います。

第1部
「やってはいけない」
子育て

CHAPTER 02

「やってはいけない」をやっていませんか？

「やってはいけない」の深掘り

「やってはいけない」子育てとして私がお伝えしたいことは第1章の通りですが、それだけでは物足りないと思われる方もたくさんいらっしゃると思います。

何よりも、具体的に何を「やってはいけない」のかがわかりませんね。

あまり細かいことをお伝えして、いかにも「子育てマニュアル」のようになってしまうことはできるだけ避けたいのですが、それでもやはりこのままでは漠然とし過ぎていますので、次の11項目のチェックリストで深掘りをしてみました。

「子どもの権利」を前提に、子育てでありがちな例をもとに作成したものです。

みなさん、まずはこのチェックリストの右の欄へ「いつも大丈夫」なら○、「ときどき怪しいかも」なら△、「これをいつもやってしまってる」なら×を記入してみてくださいね。

No.	チェック項目	○△×
❶	子どもが何かをする前またはやろうとしているときに、こちらから先走って声をかけてしまう	
❷	子どもに頻繁に指示や確認をしすぎてしまい、その一つひとつがやたらと細かくなってしまう	
❸	子どもが何かをやっている最中であっても、それとは別のことをたずねたり、頼んだりしてしまう	
❹	子どもに話すときに年上の大人としてついつい上から目線の言い方をしてしまう	
❺	子どもに注意をするときに、以前にあったことを蒸し返したり、「○○な子だね」と漠然と注意したりしてしまう	
❻	子どもが理由などを説明すると、「でもね」などと逆接言葉を入れたり、「言い訳」と決めつけたりしてしまう	
❼	子どもが自分の思う通りにならないと、イラっときてしまい、おさえが利かないほど感情的になりすぎてしまう	
❽	子どもに言うことを聞かせるために、ほかの子どもと比べて「あなたはできていない」と言ってしまう	
❾	子どもに言うことを聞かせようと、「誰のおかげで生活させてもらえているの？」と言ってしまう	
❿	子どもとのやりとりのとき、以前言っていたこといま言っていることとが明らかに違っている	
⓫	子どもへ「あなたの好きにしなさい」と言っている割には、好きにさせてあげられていない	

みなさん、いかがでしたか？

○の数が多かった方は、「やってはいけない」子育てをやっていない場合が多い方。

△や×の数が多くなるにつれて、「やってはいけない」子育てをやってしまっている頻度が上がるわけですね。

もちろん、これらのチェック項目は、児童虐待のように「最もやってはいけない」こととは違いますので、1回やってしまったからアウトということではありません。

だからといって、もちろんそこに甘んじてやってしまうことが当たり前（常態化）になってしまってはいけないわけです。

このチェックリストは、みなさんのランク付けをしたり、×が多かった方にダメ出ししたりすることを目的にしていません。

あくまでも、いまの自分がどのような状態なのかを把握して、×や△を○に変えていくためにはどうしたらよいのかを考え、改善するためにあるものです。

ということで、みなさんに少しでもお役立ていただければと思い、次ページから解説やポイントを紹介してしていきますね。

改めてこのチェック項目全体をご覧ください。

結構、大人同士がされてもイヤなことが含まれていると思いませんか？　いわゆる「ハラスメント」として扱われそうなものもあります。

例えば、⑤「お前、この前も同じミスやっただろ！」からの⑧「なんでお前はできないんだ！　去年配属されてきたあいつはもうできてるじゃないか⁉」などと、上司が部下にやってしまえば、見事な「パワハラ発言」になってしまうということですね。

結局のところ、大人が言われてイヤなことは、子どももイヤだということなんです。繰り返しますが、子どもの権利の中心にある、「子どもも大人と同じ一人の人格を持った存在である」というメッセージそのものなんですよね。

これはまた次の章でふれることなのですが、小学生の時期に入ると、この点がますます強く出てきますので、注意しなければなりません。

❶ 子どもが何かをする前またはやろうとしているときに、こちらから先走って声をかけてしまう

「出鼻をくじく」なんていう言葉がありますが、次のような言葉はまさにそんな声かけになってしまいます。

【朝の登校前の一場面】

親「まだ着替えてないの！　いい加減に早く着替えなさい！」

子「うるさいなぁ！　いまやるとこぉー!!」

親「やってないから言ってるんでしょ！」

子「あぁ〜っ！　もううるさいっ!!」

いかがでしょうか？　かなりの全否定と押し付け、いや畳みかけ状態でしょうか。こうなってくると、あとは売り言葉に買い言葉の応酬が続いてしまいます。

この子が本当に「いまやるとこ」だったのかどうかはわかりませんが、もし、この子が本当に「いまやるとこ」だったとすれば、この先走った親からの声かけは、かなりやる気をなくしてしまう声かけであることに間違いないでしょう。

そうであるならば、わが子が自らすすんで着替えができるまで待ってあげられる親でありたいですし、「いまやるとこ」というわが子の言葉を信じてあげたいものです。

ただ……それが簡単にできないから大変なんですよね。

そこで、「やってはいけない」スイッチオン!!

まず、もしこれが自分だったとしたら、わが子に着替えを急かしてしまっているのは、どうしてなんでしょうね？

あっ、声かけ真っ最中にこんなこと考えなくても大丈夫です。すべてが終わったあとにでもちょっとだけ振り返ってみてください。

すると、仕事に早く行かなきゃいけない自分のためなのか、学校に遅刻してしまうわが子のためなのか、はたまたいつもやっている当たり前の日常だからなのか……などなど、きっと何らかの理由があって、先走って声をかけていますよね。

この点がはっきりしてくれれば、「うるさいなぁ！　いまやるとこぉー!!」のあとに、「オッケー、私も仕事に行かなきゃいけないからよろしくね！」であったり、「わかった、いまならまだ学校に間に合う時間だね！」であったりという声かけに変わってくるかもしれません。

そして、そのあとのわが子の動きを見ながら、わが子の「いまやるとこ」に対する本気度を確認できます。

本気度が伝わってくれば、次回から先走った声かけを減らすことも可能です。

ただ、ここでお子さんから本気度が伝わってこなかった場合は、この「まだ着替えてないの！　いい加減に早く着替えなさい‼」から始まるやりとりをしないで済むためにどうすればよいかをお子さんに相談してみましょう。

その上で、親子がお互いに気を付けることは何なのかについて合意をつくる必要があるでしょう。

ポイント

- **先走ってしまう目的や理由をはっきりさせる**
- **その理由を踏まえて先走ったあとの声かけを変える**
- **わが子の反応から先走らないための手立てを考える**

❷ 子どもに頻繁に指示や確認をしすぎてしまい、その一つひとつがやたらと細かくなってしまう

【翌日の小学校の準備をしている一場面】

親「筆箱とか宿題はランドセルにしまった？」

子「いまやってる～」

親「他に持っていくものはない？」「自分の部屋に忘れものはないの？」

子「もう～、いまやってるから～」

親「宿題は必ず忘れないようにねっ！」

いかがでしょうか？　先ほどの先走りの声かけにも似ていますが、これだけ矢継《やつ》ぎ早《ばや》に確認が始まると、子どもがその指示に追いつけなくなってしまいそうです。

また、伝えている親のほうも気づかないうちにやたらと繰り返し同じ質問をしてしまっています。

このように、頻繁に指示や確認をし過ぎてしまうということは、①の畳みかけと同じような状態ができあがってしまうわけです。

「いまやってる〜」という子どもからの回答ともかみ合っていませんよね。

指示や確認が多くなってしまうときは、相手の行動が信頼できにくくなっているときです。相手の反応を見るよりも、こちらの思いの方が先行してしまい、結果的に押しつけのような状態に陥ってしまいますので、注意が必要です。

まずは、相手の行動を観察してみましょう。案外、確認するまでもなく行動に移せているかもしれませんよ。

続いて、こういう場面もよく見られませんか？

「たかし！　歯磨きした？」
「たかし！　宿題終わった？」
「たかし！　そろそろ寝ないと！」

みなさんも一度、お子さんと一緒に過ごされているときに、お子さんの名前を何回呼んだか数えてみてください。そして、名前のあとにどのような声かけをされているのかも気にしてみてください。

決してお子さんの名前を呼ぶことそのものがいけないのではありません。

名前を呼んだあとに指示や確認がやたらとくっついてしまっていないかどうかを確かめてみてくださいね。

これは、わが子へ指示や確認を頻繁に出し過ぎてしまっていないかを把握するためのわかりやすい指標になります。

そして、もし、一日に何回もお子さんの名前を読んだあとで、指示や確認をくっつけてしまっていることがわかれば、「名前を呼ばないこと」を意識してみるのもよいかもしれませんね。

というのも、お子さんの名前が、頻繁な指示や確認のトリガー（引き金）になってしまっているかもしれないからです。

ちょっとしたコントロールの方法になりますのでやってみてください。

ポイント

- まずは指示や確認の前に相手の行動をいったん観察する
- 細かい指示や確認が同じことを言っていないか気を付ける
- 名前を読んだあとに指示や確認が出ていたら気を付ける

❸ 子どもが何かをやっている最中であっても、それとは別のことをたずねたり、頼んだりしてしまう

【子どもが宿題に取り組んでいる一場面】

子「……」

親「ねえねえ、最近、学校はどうなの？」

「お友だちとは上手くいってる？」

「先生はどんな人…？」

「なんか甘いものいる？」

子（ちょっといまは宿題やらせてくれないかなぁ……）

①や②のように指示や確認を連発するというよりは、この場合、明らかに子どものやっていることとは別なことを親がたずねたり、頼んだりしている状態です。

この状態に陥ってしまうのは、まず子どもが取り組んでいることについての尊重と配慮が欠けてしまっています。

さらに、どんな状態であっても、子どもは自分の話を優先的に聞いてくれるだろうという思い込み（または慣習）にとらわれてしまっている恐れもあります。

子どもの方からすると、自分が取り組んでいることをないがしろにされて、あたかも親の言うことを優先しなければならないかのようにとらえてしまうかもしれません。

一昔前の「オレが話してるのに、テレビの方を見て聞くな！」とゲンコツが飛んでくるパターンですよね（いまとなっては、立派な身体的虐待になります）。

これが大人同士、例えば会社の同僚であればどうですか？

同僚が仕事をしているとき、ちょっとたずねたいことや頼みたいことがあったとすればどうでしょう？

そうです！「いま、話してもいい？」って聞きますよね。これなんです！

たとえ何かをやっていたとしても、子どもだから話を聞いて答えてくれるのが当たり前、何かを頼めば聞いてくれるのが当たり前、親子であるがためにそのようなことが定着してしまっている場合があるので気をつけましょう。

ポイント

●「子どもが自分の話を聞くのは当たり前」だと思わない
●子どもが話を聞ける状態にあるかどうかを確かめる
●子どもに話しかけてもよいかどうかを確かめる

❹ 子どもに話すときに年上の大人としてついつい上から目線の言い方をしてしまう

【親子のやりとりの一場面①】

親「お父さんの頃の時代はなぁ、こんな贅沢なんてできなかったんだからな！
いまと比べて昔はなぁ、もっとがまんができてた、がまんがな！
目上の人に生意気なことを言ったらな、そりゃ、張り倒されてたぞ！」

子（いまと昔は違うから参考にならないんだよな……）

【親子のやりとりの一場面②】

子「お母さんの言うことなんて聞きたくない！」

親「あなたねぇ！　私のほうが何歳年上だと思ってるの!?
生意気言わないでちゃんと聞きなさい！」

この2つの場面に共通することが、年上（人生の先輩）であることを前面に出していて、年上の昔話や指示を聞くことが前提になっているという点です。

先ほどの③の「年上なんだからバージョン」と言ってもよいかもしれないですね。

この事例は、言うまでもなく「年上」が邪魔をしてしまっています。

まず、考えてみてください。

どうして、年上の話を年下（特に子ども）が聞くのが当たり前なのでしょう？

社会人同士の関係を考えてみても、年下の上司と年上の部下という関係性なんて、いまとなってはまったくもって珍しくありませんよね。

もちろん、年上の方を敬うという考え方、それはそれで大切なことですが、それと昔話や指示を聞かされることとは別問題でなければなりません。

この、年上だからとか大人だからといった過剰な考え方が、従わせる側と従う側という二極化を生み出してしまうわけです

たしかに、以前であれば年上は敬い、年上の言うことを聞くべきだという暗黙のルールがあったかもしれません。

しかし、私たちはこの暗黙のルールに決別し、私たちのこれまでの経験の拘束を断ち切るときが訪れたのかもしれないですね。

年上であれ、年下であれ、一人の人間としては等しく尊重される中で、年上だから言うことを聞くのではなく、言うことを聞いてみたいと思われる一人の人間にな

りたいものです。

ポイント

- 「年上だから、年下だから」という考え方とは決別する
- 年上も年下もお互いに一人の人間として尊重し合う
- 話を聞いてもらいたいときは話を聞きたいと思われるような話をしよう

❺ 子どもに注意をするときに、以前にあったことを蒸し返したり、「○○な子だね」と漠然と注意したりしてしまう

【習い事などのお迎え時の一場面】

親「もう早く準備してよ!」

「この前も同じことをお家でも言ったでしょ!」

この事例は、以前のことを蒸し返している事例そのものですよね。
「この前も言ったでしょ！」「この前も同じことしたよね！」そんなことを言われて、みなさんだったら「よしっ！　それなら今度は同じことを繰り返さないようにがんばるぞっ！」と思うことができますか？

正直なところ、結構難しいですよね。逆に、「そんな前のことを言われてもな……」と思ってしまう気持ちのほうが大きいかもしれません。

私たち大人（親）が子どもとやるべきことは、健全な合意づくりであり、全否定と押し付けはやってはいけないことでしたよね。

この「以前にあったことを蒸し返す」というのは、以前のことを言われてもいまさら何もできないという気持ちを子どもに持たせてしまうことからも、全否定に近い感覚を相手に与えることになるでしょう。

もしかすると、あなたもやってしまったことがあるかもしれませんが、以前のことは蒸し返さないようにしましょう！
そしてこれからは、いまやってほしいことをできるだけストレートに伝えるようにしましょう！

【子どもからの報告を受けての一場面】

子「今日、学校の体育で久しぶりにとび箱したんだけど……
全然できなかったんだよね……」
親「へぇ～。まぁ、昔からあなたはまったく運動できない子だったもんね」
子「う、うん……」

これは、ひどいですね……。過去のことを引っ張り出してきたかと思えば、さらに「まったく運動できない子」という全否定ラベルシールまで登場してきました。

私たちが、子どもとやりとりをするときに気を付けなければならないのは、「○

○な子」というラベルを貼らないことです。
もちろん肯定的な意味のラベリングならよいかもしれませんが、否定的な意味のラベリングはくれぐれも避けましょう。

このラベリングによって、いとも簡単に全否定ができてしまいます。

「ゆとり世代」という言葉や「グレーゾーン」などという言葉も気を付けたいですね。


この事例の親も、別にわが子を傷つけたくて言ったわけではないと思います。

そうであるなら、「まったく運動ができない子」という言い方をやめて、「××は苦手だったけど、○○は結構できていたよね」などといった具体化をしてあげられるとよかったのではないでしょうか。

ポイント

- **とにかく、以前のことは蒸し返さない**
- **否定的な意味になってしまうときは、ラベルを貼らない**

●ラベルを貼るのではなく、もっと具体的に伝える

❻ 子どもが理由などを説明すると、「でもね」などと逆接言葉を入れたり、「言い訳」と決めつけたりしてしまう

【ある日曜日の一場面】

子「今日、ゲームセンターに行きたい！」

親「ゲームセンターは楽しいけど、お金もかかるからまたにしよっか……？」

子「えぇ〜！　じゃあ、公園に行きたい！」

親「公園ね。行きたいのは分かるけど……
休みの日は人が多いからちょっと難しいんじゃないかな……」

子「えぇ〜！　じゃあ、図書館は〜!?」

親「図書館ねぇ……。行きたいけどね……。でも、図書館もちょっとね……」

なかなか八方ふさがりな感じですよね。

子どもの方は、日曜日の行き先として、ゲームセンター、公園、図書館という提案（リクエスト）を親にしたわけです。

ところが、その提案に対して、ことごとく、「けど」や「でも」を使って、そこには行けない理由が出てきてしまっています。これだけ否定が続くやりとりになってしまうと、子どもの方も次第に提案する意欲が失われてきてしまいます。

子どもは、自らの提案が認められたり、受け入れられたりするから、意見を表明しようと思えるようになるわけです。それが否定という形で返ってくればくるほど、その意欲はどんどんそがれてしまいますよね。

親の方にも事情があればその事情を誠実に話せばよいことです。

そのうえで、健全な合意づくりをするというのが、基本中の基本です。

なので、事情を誠実に話すか、親の方から諸事情を踏まえて、その日に行ける候補地を先に提案しておく方が適切だったかもしれません。

また、子どもから理由の説明を受けたときに、「そんな言い訳しないの！」と言ってしまう場合があります。

これは、先ほどの⑤のラベリング問題ともつながりますが、子どもの説明に「言い訳」というラベルを貼って、まったく受け入れようとしていません。

これは全否定へとつながりかねませんね。

子どもが提案をしたり、理由を説明したりするときには、子どもの権利をまもることを前提としたうえで、子どもが意見を言う意欲が持てるような対応をしてあげられたらよいですね。

ポイント

● できない理由を並べて子どもの提案する意欲をなくさない

● できない理由ではなく、実現可能な提案をこちらからもしていこう

● 提案や理由の説明を聞いたときに全否定ラベルを貼らない

❼ 子どもが自分の思う通りにならないと、イラっときてしまい、おさえが利かないほど感情的になりすぎてしまう

【宿題をしていなかった一場面】

親「なんで宿題をきちんとやってないの？」

子「だって、分からなかったから……」

親「分からなかったらやらなくてもいいの!?」

「宿題をやらなかったらあなたが将来困るのよ！」

「なんでそんなこともわからないのよ！」

みなさんはいかがですか？　お子さんが宿題をやらないということに対して、こ

こまで感情的になって怒ってしまいますか？

これは宿題に限らないのかもしれませんが、宿題に限って言えば、こんなに感情的に言われると、子どもの方も気持ちが萎えてしまうか、逆に腹が立ってしまうか……という感じでしょうか。

全否定や押し付けのない健全な合意づくりをするのなら、やはりそこには宿題をすること自体の理由であったり、ご家庭で宿題をするためのルールについて、事前に合意をつくって共有しておかなければならないでしょう。

宿題だけに限ることではありませんが、感情的になって怒るほどのことなのか、感情的になることで余計に悪化してしまうのではないか、ということを少しでも思い起こしていただけたらと思います。

もちろん人間なので、絶対に感情的にならないでくださいとは言いませんが……。

【習い事から帰る際に、親が急いでいる一場面】

親「あ〜忙しいなあ……早く行かないと間に合わない……」

子　ゆっくりと準備している

親「早くしろよっ！　お前のせいで遅れるだろっ‼」

このやりとりはいけません！

先ほどの通り、人間なので感情的になることはあるでしょう。

ですが、習い事の場所でのやりとりということは、公共の場でこれだけ声を荒げているということになります。

しかも、帰りの準備が遅いという理由だけであって、子どもの生命の危険などの緊急性はありません。

そんな中で、これだけ感情的に声を荒げてしまうということは、冷静さを欠いてしまっていることがとてもよくわかります。

もはや感情表現ではなく、おさえの利かない感情の吐き出しです。

このように、子どもに対して感情的になりすぎたあとは、そのことについて子どもに素直に謝りましょう。

こういったことが反省なく繰り返されるのはかなり危険です。

ポイント

- **本当に感情的になるほどのことかを確かめよう**
- **公共の場で感情的になっているのは危険信号**
- **感情的になってしまったときには、そのことを子どもへ素直に謝ろう**

❽ 子どもに言うことを聞かせるために、ほかの子どもと比べて「あなたはできていない」と言ってしまう

【テストが返ってきた日の一場面】

親「何！　この点数!?　もう明日から塾へ行きなさい！」

子「え～っ、行きたくない！　ぜったいイヤ！」

親「あなたね！　あなたはほかの子たちと比べてできていないからこんな結果になるんでしょ！行きたくないんだったら少しでも成績を上げなさい！　わかった!?」

子「もう、わかったわかった……」

このやりとりは、全否定と押し付けの合わせ技になっていますね。

最後の「もう、わかったわかった……」は、合意のかけらもない単なる押し付けの結果の返答でしょう。

それでは、全否定はどこにあると思いますか？

それは、ほかの子どもたちとこの子を比較しているところにあります。

先ほど、過去のことを蒸し返すという全否定がありましたが、ほかの子どもたちと比較されたって、どうにもできませんよね。

この親は、わが子を塾へ行かせるためにこうやってほかの子どもたちと比較して、この子をおとしめようとしたととらえられても致し方ないでしょう。


もちろん、この親がわが子の今後の学力を心配して言ったのはわかります。

しかし、先ほどのようにほかの子どもたちと比較されて、自尊心を傷つけられて、そこから「なにくそ〜っ！」という気概を持ってこの子は塾に行くでしょうか？

ほとんどの場合、危機感を持って塾へ行くというイメージは持てませんよね。

当然ながら学力以外でもほかの人と比べて否定的に追い込むことは慎むべきです。

それでも比べるというのなら、これまでのその子自身と比較して、いまの自分をどれだけ高めていけるのかに意識をむけさせてあげるべきではないでしょうか。いまの自分の点数よりも、実際に何点上げることを目指すのか……という自分との競争はとても現実的で、無駄にその子の自尊心を傷つけることもありません。

だから、前向きに取り組んでいけますよね。

そんなやりとりの中で、その子が「塾に行って勉強したい」と自分から進んで提案してくれた時には、ぜひ前向きに検討してあげてください。

ポイント

- **そもそも他人と比較して否定されても自尊心が傷つくだけ**
- **他人と比較するよりもこれまでのその子と比較しよう**
- **これまでの自分を上回っていきたいと前向きな気持ちになれるかかわりを**

❾ 子どもに言うことを聞かせようと、「誰のおかげで生活させてもらえているの？」と言ってしまう

【親の考えに子どもが反発する一場面】

親「お前！　誰のおかげでこれまで生活できていると思ってるんだ？」

「いま、あなたが好きなことをできているのは私のおかげでしょ！」

「あなたは、私がおなかを痛めて産んだ子どもなんだから、私の言うことを聞いていればいいのよ！」

先ほどの「④年上問題」のところで、私たちは経験に拘束されてしまう……という話をしましたが、この発言も私たち親世代は要注意です。

自分自身が言われてきていますから、ついつい口に出してしまいかねません。

ちなみに、一番上の「誰のおかげでこれまで生活できていると思ってるんだ？」

については、保護者（養育者）には18歳になるまでわが子を養護する義務があるため、この親がこの子を生活できないようにしてしまったら、それはネグレクト（育児放棄）という重大な児童虐待になってしまいます。

ですから、誰のおかげで生活できているも何も、あなたの子どもはあなたの義務として18歳まで育てなければならないのです。

したがって、昭和にありがちだった最初の発言は問題外となってしまいます。

ほかの発言についても、とても危険な発言であることに違いはありません。

「好きなことをさせてあげたから……」「おなかを痛めて産んだから……」これらも先ほどと同様に、児童を養護する義務の範疇《はんちゅう》になるのですが、同時に、こういう言葉を理由にして、合意をつくるのではなく押し付けをしようとしている危険性があります。

まさに、子どもの権利を侵害している言動であり、先ほども紹介した「パターナリズム（父権主義）」に陥っています。

そのため、仮に合意がつくられたように見えても、それは決して健全な合意づくりではなく、やはり強制力のある合意になってしまっているということですね。

このようなパターナリズム発言をしてしまう方、要は恩着せがましいことを言って言うことを聞かせようとしている方は、その「恩着せがましいこと」は決してわが子が納得する理由になっていないということをまずは理解しておいてください。

楽をして納得させようとするのはやめましょう！

ポイント

- **わが子の生活の養護を放棄したら、それは虐待になる**
- **これまでお世話したことは、子どもを納得させる理由にならない**
- **楽をせずに、子どもが納得できる理由をしっかりと示そう**

⑩ 子どもとのやりとりのとき、以前言っていたことといま言っていることとが明らかに違っている

【ある親子のやりとり】

親「ねえ、けんた！　たけし君も4年生から塾に行くって聞いたわ！　あなたもそうしなさい！」

子「なんで、たけし君が塾に行くからってオレも行かないといけないんだ！　オレは行かないよ！」

（別の日）

たけし君「ぼくさぁ、4年生になってお小遣いが500円になったんだ！」

子「えっ！　オレはまだ300円なのに……。よし！　帰ってお母さんに相談しよう！」

（その日の帰宅後）

子「お母さん！　たけし君、お小遣いが500円になったんだって！

オレはまだ300円だから500円にしてよ！」

親「ちょっとけんた！　何言ってるのよっ！
よそはよそっ！　うちはうちよっ！」

子「え～、なんでぇ～!?」

だいぶ長いやりとりになってしまいましたが、実はこれ、ダブルバインドになってしまっています。

最初にお母さんは、4年生になったらたけし君も塾に行くんだから、あなたも塾に行きなさいとけんた君に言っています。

ところが、たけし君のお小遣いがけんた君よりも200円多いことを知ったけんた君が、今度はお母さんへ交渉すると「よそはよそっ　うちはうちよっ！」と言われてしまうわけです。

それならば、最初のお母さんの発言もまた「たけし君はたけし君、けんた君はけんた君」でなければいけないわけですよね。

次の章で詳しく説明しますが、こういう辻褄《つじつま》の合っていない、矛盾した大人の発言に対して、はっきりと違和感を抱いて、不信感を持ち始めるのが小学4年生（10歳）ぐらいだと言われています。

まだ子どもだと思って適当なことを言っていると、子どもから手痛いしっぺ返しを食らってしまうわけです。

この「⑩・⑪矛盾問題」については、子どもの権利という視点もさることながら、子どもの脳の発達という視点からも十分に気を付けたほうがよい問題です。

そのためにも、まずは親のほうがわが子をなめてしまわないことです。

小学生の頭の中はかなり大人になっていますから、職場の同僚と話すような感覚でやりとりするくらいがちょうどよいかもしれませんよ。

ポイント

- 子どもは辻褄が合っていない矛盾した発言に気づいている
- 大人のほうが、わが子の頭の中が大人になり始めていることに気づこう
- わが子と話すときにも、大人同士で話すような感覚を持ってみよう

⑪ 子どもへ「あなたの好きにしなさい」と言っている割には、好きにさせてあげられていない

【中学受験の時期の一場面】

親「あなたが行きたい中学へ行ったらいいのよ。
　これは、あなたが決めることなんだから好きにすればいいからね……」

子「お母さん、本当に!?　ありがとう！　じゃあ、自分で考えてみるね!!」

（数日後）

親「ねえねえ、かおりちゃんはＡＢＣ中学校を志望するって聞いたわよ！
あなたもかおりちゃんと仲がいいし、
お友達がいるほうがいいと思うからそうしたら？　それがいいよ！」
子「えっ、そうなの？
わかった、ＡＢＣ中学校もほかの中学といっしょに考えてみるね……」
親「そうね。あっ、あとＤＥＦ中学校だけは、
評判よくないから絶対にやめてね！」
子「う、うん……」（この前は好きにしてって言ってたじゃん）

これは典型的なダブルバインドですね。

このダブルバインドの厄介なところは、親のほうが有利に働くようになってしまっている点です。

先ほどのけんた君のお小遣い問題も、親の財布から出すか出さないかになってし

まうために、「よそはよそ、うちはうち」という発言でごまかして、お小遣いは増額しないようにしていました。

この志望校問題についても、最終的な決定権は親側に偏っていますよね。

そのため、結局親のほうがマウントをとってしまいがちです。

だから、マウントを取られている子どもは、自分で抜け出せない迷路に放り込まれた感覚に陥り、とっても苦しい状態になります。

とても対等な関係で健全に合意がつくれているとは思えません。

ただ、ここで怖いのは、ダブルバインドをつくり出してしまっている親のほうも、実は自分がマウントをとっている状態で、矛盾した発言をしているという自覚ができていないときがあることです。

そのため、何よりもおすすめしたいのは親自身が「マウントをとりがち」だと自覚することです。

そうすれば、自分の発言にもっと責任を持てるでしょう。

「あなたの好きにしたらいいのよ」と全面的に委ねるのか、「ＡＢＣ中学はおすすめだけど、ＤＥＦ中学はちょっとね……」と最初から伝えておくのか……。

責任ある発言さえできれば、おのずと辻褄も合ってくるのではないでしょうか。

ポイント

- **合意づくりでは親のほうがマウントを取りがちだと自覚すること**
- **マウントを自覚した上で、責任ある発言をすること**
- **責任ある発言から、辻褄の合うやりとりにすること**

ここまで、11個の「やってはいけない」子育てについて具体例やポイントも交えて説明してきました。

この11個で全部なのかと言われれば、全部ではないと思いますし、逆に11個は多すぎなのではないかと言われたら、そうかもしれません。

しかし、子どもの権利の中でも、とりわけあいまいに扱われがちな意見を表明する権利の領域に踏み込み、健全に合意づくりができるようにしていくために、大人が特に注意することを中心に取り上げてきました。

これら11項目をやらないように気を付けて、子どもたちと健全に合意をつくっていけば、あとは子ども自身で自立・自走していけるはずですよ。

第Ⅰ部では、「やってはいけない」子育てについて解説してきましたが、やっぱりそこで終わってしまうのではなく、さらに「やってみたい」というポジティブな子育てについても、第Ⅲ部で提案していきたいと思います。

第Ⅱ部

知っておきたい！子どものこと

CHAPTER 03

「小学生」という時期について

子どもの発達段階について

みなさんは、「児童期」という言葉を聞かれたことはありますか？
この言葉は、小学生の頃の発達段階を指しています。

私たちの発達段階は、年齢によって次の図のように分かれています。まず、おぎゃあと生まれて1歳になるまでの間（0〜1歳未満）の時期を乳児期、小学校に入る前（就学前）の1歳から6歳の時期を幼児期、そして先ほどの小学生の時期（7〜12歳）を児童期（または、学童期）と呼びます。

それ以降は、思春期の時期も含めて13〜20歳頃までを青年期、20代と30代の時期を成人期、40代と50代を壮年期、60代以降を老年期としています。

さらに、さまざまな研究によって、先ほどの発達段階ごとに、一般的にどのよう

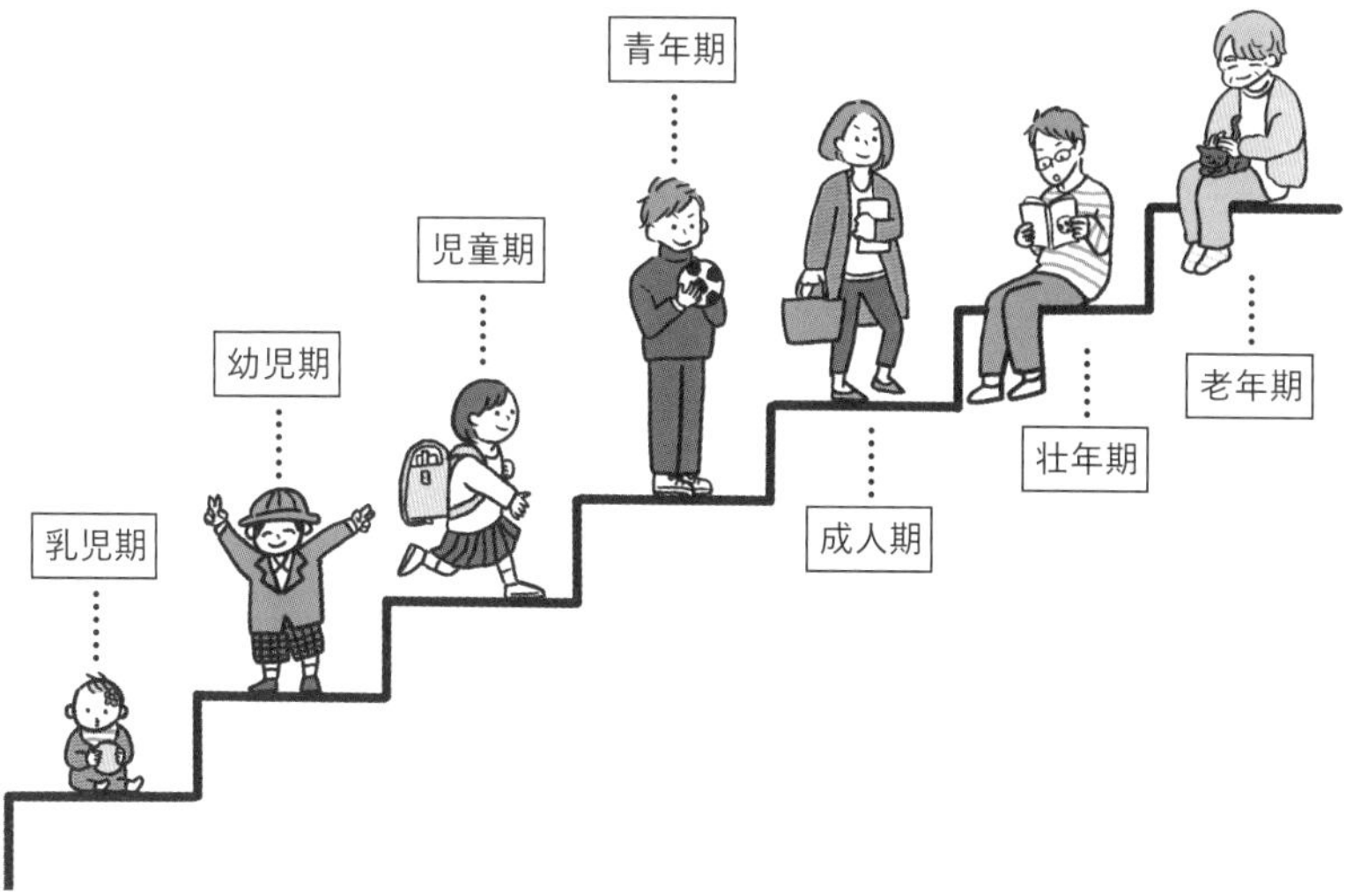

な特徴があるのかが明らかにされてきました。

そのため、私たちは赤ちゃん（乳児期の子ども）の首がいつぐらいから座り始め、いつ頃には寝返りやハイハイができるようになるのかを知ることができて、見通しを持つこともできるでしょう。

さらに、こうした身体（からだ）の特徴だけでなく、知能（あたま）や精神（こころ）の特徴についても同じことがいえます。

よく「生涯発達」という言葉が使わ

れるように、人は一生涯の中でずっと発達していきます。

この発達とは、変化していく過程（プロセス）のことを指しているため、必ずしも「できなかったことができるようになる」というプラスに成長していくだけではありません。

「できていたことができなくなってくる」ということも含めた変化の過程なんです。

特に、私たちのだれもが生まれながらに持ち合わせているものがあります。

例えば、体質といわれるものもあれば、気質といわれるものもあります。

これらは、生まれたときからそれぞれに異なっているものですよね。

こうした先天的なものを踏まえて、私たちは年齢とともに変化していくわけです。

よく教育を考える上で、人は（先天的な）遺伝か、（後天的な）環境か……という話が出てきますが、私たちはこのどちらか一方だけではなく、生まれながらに持ち合わせた遺伝をベースにして、家庭をはじめとしたいろんな環境から影響を受けながら変化している存在であることがわかります。

そうでないと、短気な子どもは死ぬまで短気なままということになってしまいますよね……。

さて、この人の変化の過程である発達や発達段階ごとの一般的な傾向について、もう1つ注意していただきたいことをお伝えしておきましょう。

それは、発達段階に合わせて「○○の時期になると、□□□のようなことができ始めます」というときは、あくまでもデータに基づいた一般論を指していることを忘れないでください。

つまり、必ずしもあなたのお子さんが、この時期にそうなりますよと言われているわけではないということです。

たしかに発達は、できるようになることもできなくなってしまうこともひっくるめた変化の過程です。

その中でも、特に子どもの頃（乳児期から青年期にかけて）の発達段階では「できるようになる」という変化が多くみられることでしょう。

そのため余計に「うちの子はその時期になってもできない」ということが気になりやすい時期でもあります。


例えば、12か月頃までには立てるようになると言われているのに、うちの子は1歳になってもまだ立てない……とか、3歳になっても流ちょうに話すことができない……といったご心配をされた方もいらっしゃるのではないでしょうか。

このご心配、しばらく続いてしまいますよね。


逆に、うちの子は、まだ2歳なのによくしゃべれる、4歳なのにたし算ができる……などの早くからできたことに喜びを感じることもあるかもしれません。

このような「この時期にはこうなる」という一般的な傾向をそのままわが子に重ね合わせて、「まだできない」「早くできている」と一喜一憂することは、あまり大きな意味を持たないのでご注意ください。

もちろん、できるようになる時期から大幅にずれてしまっていることで、医師などの専門家に診てもらい、原因と対策がわかる場合もあります。

しかし、この一般的な傾向は、たくさんのデータに基づいた一般論であって、一人ひとりの子どもの個人差までも確実に押さえているわけではありません。これからの見通しや目安を持つうえではとても大切なものですが、細かく測定や評価をするようなものではないのです。

次から、特に「児童期」という発達段階について詳しく説明していきますが、私のこの説明もあくまでも一般的な傾向に過ぎないことをお忘れのないようにしてくださいね。

わが子がこれからどのように変化していくのかという見通しや目安として、さらに、どのようなことに注意していけばよいのかというポイントとしてご活用いただだければと思います。

児童期を3つに分けると……

さて、それではここからは児童期の特徴について詳しく説明をしていきましょう。

乳幼児期や青年期もそうですが、この子どもの時期というのは、大人と違って時間による変化が大きいために、さらに細かく刻んで考えていく必要があります。

児童期の場合は、シンプルに6年間を2年ごとに3分割してみましょう。

小学生の学年でいうところの低学年の時期（1・2年生＝7・8歳）、中学年の時期（3・4年生＝9・10歳）、高学年の時期（5・6年生＝11・12歳）に分けることができます。

一見、単純な3分割のように見えますが、この分け方が児童期の特徴をとてもよく表しているんです。

この点については、また後ほど説明しますね。

⑴ 低学年の時期（1・2年生＝7・8歳）

低学年の時期は、小学生になったばかりの時期です。そのため、まだ幼児期の頃の特徴をかなり残したまま小学生になっている子どもも少なくはありません。幼児期から児童期になったからといって、いきなり小学生らしく変身するわけではありません。

特に、幼児期と児童期のはざまにいる低学年の子どもについては、いわゆるグラデーションのようなものが残っている状態にあります。

それでは、幼児期の特徴とはどのようなものがあるでしょうか？

代表的なこととしては、大人に依存する傾向がまだまだ強いため、大人からほめられることや注意されることに対して、以降の児童期よりも敏感な反応を示すという特徴があります。

ここで特に強調しておきたいのが、幼児性の象徴ともいえる自己中心性です。
これは、あまりよくないものとしてとらえられがちですが、実は、私たちが生きていく上でとても大切なことでもあります。

赤ちゃんのときに、お母さんのおっぱいがほしい、だれかのぬくもりがほしい……と感じているのに、相手のことに配慮してがまんしてしまったらえらいことになります。

私たちは自分が中心で世界がまわっている、とっても自己中心的なところからスタートして、次第にほかの人と折り合いをつけられるようになっていく。
自分が中心という時期から、みんなの一員としての自分という時期へ変わっていくのが幼児期の後半（5歳）以降といわれています。

私たちがどんなに忙しそうにしていても、そんなことはお構いなしに「ねぇねぇ、見て見て！」とアピールしてくる子も、「ちょっと、聞いてる⁉」とアピールしてくる子も、まだ幼児性が残っている可能性がありそうです。

また、オニごっこをしているときに、自分がオニになったとたん、オニごっこをやめてしまう子どももいます。自分がオニになるのがイヤだからと一方的にやめてしまうわけです。

こうしたことが、低学年の子どもの中にはまだまだよく見られます。

それぐらい低学年の子どもたちは、幼児性を残している子どももいることを知っておいてください。


先ほどの話は、いわゆる他者との関係の中で見られる社会的な特徴の1つでしたが、身体的な特徴としても興味深いものがあるので紹介しておきましょう。

まずは次のグラフ「スキャモンの発育曲線」をご覧ください。

これは、横軸を年齢、縦軸を20歳の成人になるまでの発育としたときに、成人になるまでにどのような身体的な発育が見られるのかをグラフ化したものです。

このグラフ、子どもの体がどのように変化していくのかをとってもわかりやすく説明してくれています。

ちなみに、児童期の7歳と12歳のところに点線を引いておきました。


それでは最初に、「生殖型」という曲線をご覧ください。

児童期の間20％に満たないところでずっと横ばいになっていますよね。

この生殖型は、文字通り生殖器の発育を意味しています。

すると、14歳頃を境に急速に変化し始めていることがわかります。この時期を「第二次性徴」というんでしたよね。


次に、「一般型」という曲線をご覧ください。

この一般型は、身長や体重、筋肉や骨といった一般的な体の変化です。

そのため、体が大きくなるとか、力が強くなるとか、そういった変化の過程がわかります。

すると、生殖型と同じように14歳頃を境に伸びています（第二次成長期）が、その前の0歳から4歳頃にかけても伸びています（第一次成長期）。

この成長期に挟まれている児童期の頃は、比較的落ち着いているといえるでしょう。

それでは、最後に「神経型」をご覧ください。先ほどの2つとはまったくと言っていいぐらい違う曲線を描いていますよね。

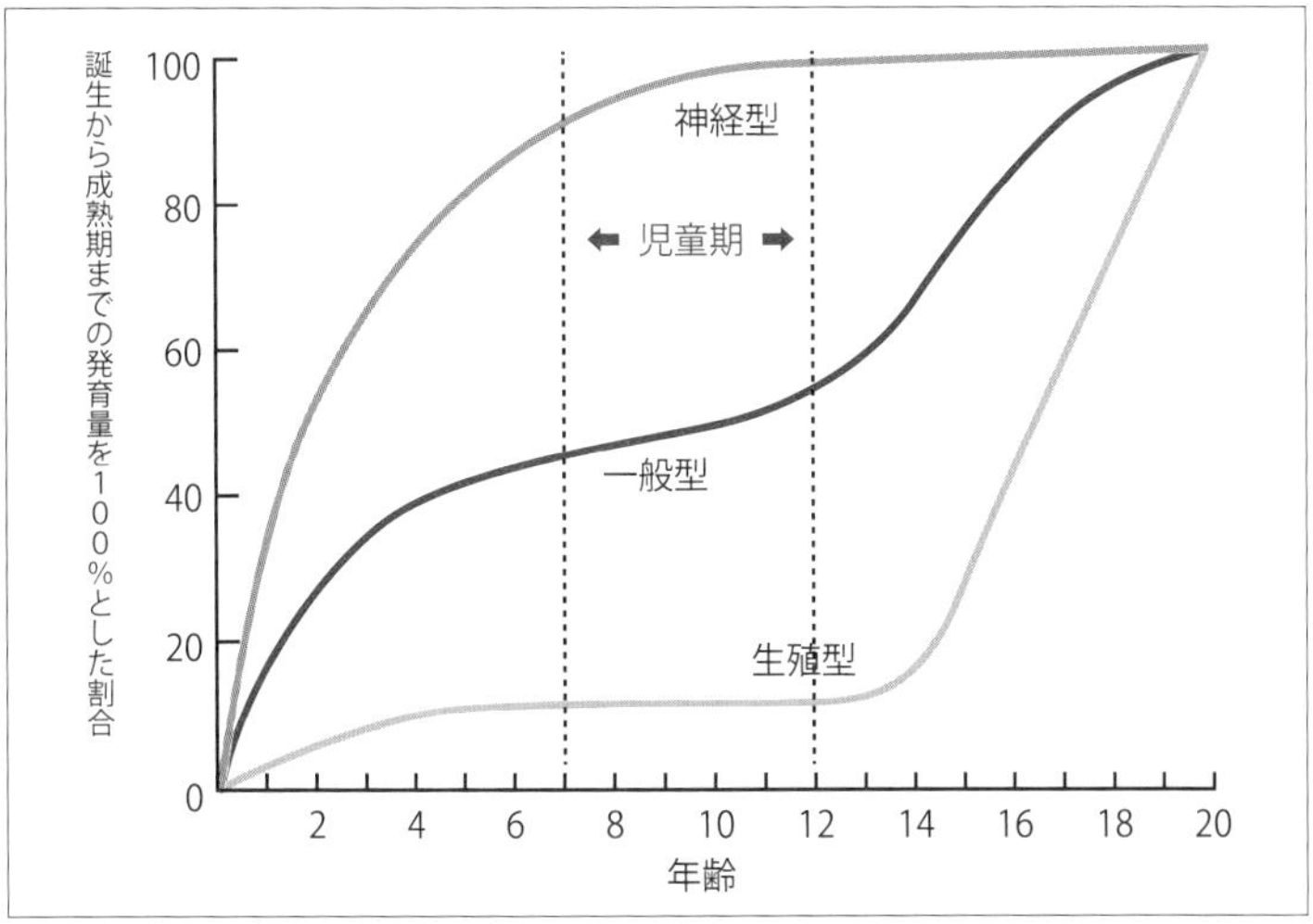

この神経型というのは、脳の重さや頭囲によって出されたものなのですが、これによって感覚や運動を司る神経の変化がわかります。

何よりも神経型の最大の特徴は、児童期に入る頃には90％以上に達していて、さらに10歳（小学4年生）の頃になると１００％……つまり、大人と同じ発育レベルに達しているという点です。

言い換えるなら、感覚や運動を司る神経は大人と同じということになるため、例えば指先から体全体を動かすことに関しては、経験さえしていれば大人と同じ、いやそれ以上のことができるようになります。

もちろん、一般型に位置づけられる筋力は大人の方が大きくなりますが、力の差が関係ない動き（バランスをとる、手先の器用さ、しなやかな動きなど）なら、児童期の子どもは大人と同等以上にできるようになるわけです。

だからといって、この時期に特定の動きだけをずっとさせるようなことは避けて

ください ね。これは、低学年以降も同様ですが、児童期は「ゴールデンエイジ」とも呼ばれます。

そのため指先から体全体に到るまで偏りのないいろんな動きを経験できるようにすることをおすすめします。

(2) 中学年の時期（3・4年生＝9・10歳）

この時期は、「9歳と10歳の節目」とか「ギャングエイジ（大人から離れ、子どもたちだけの集団で行動するようになる時期）」とも言われる時期です。

私は、児童期の中でも中学年の時期は、低学年と高学年の時期の節目になっていると理解しています。

特に、この時期は思考の発達や社会的な発達が特徴的ですので、そこを中心に説明していきましょう。

まず、みなさんは「内言《ないげん》（内的言語）」という言葉をご存知でしょうか？

普段から聞きなれている言葉ではないと思いますが、実はこの内言を私たちはいつも当たり前のように使っているんです。

この内言とは、「頭の内側にある言語」という意味で、外言《がいげん》（外的言語）と対《つい》をなしています。つまり、外側に発している外言に対して、頭の中で話している内言という関係ですね。

ちなみに、私たちはこの内言を使っていろいろなことを思考しています。

この内言を使った思考というのは、決して勉強の時だけに行っているものではなく、私たちの日常生活のあらゆる場面で行っているものです。

例えば、「眠たいなぁ、でも仕事中だから我慢しよう」とか「いま、この人はイヤそうな顔したな、どうしたんだろう」といったことを考えたことはありませんか？

これらも立派な思考ですし、むしろこれらを口に出すことはあまりないですよね？　私たちはこういうことを普段から自分の頭の中で自分自身と話しながら（内言を使って思考しながら）生活していることになります。

それでは、この内言は一体いつ頃から私たちの頭の中に芽生え、大人レベルへと変化していくのでしょう。

一般的には、3・4歳頃から芽生え始めて10歳以降にさらに伸びていくといわれています。

つまり、子どもは3・4歳頃になると頭の中で話し始め、10歳頃を機に、私たち大人と同じぐらいに頭の中で話せるようになってくるわけです。

言い方を換えるなら、私たち大人と同じように、科学的思考や論理的思考はもちろん、日常生活の中にある思考ができるようになるということです。

科学的思考とは、「なんらかの根拠に基づいた現実とそうではない非現実」との関係が区別できること、つまり現実とファンタジー（空想）との区別ができることです。

もう一方の論理的思考は、決して論文が書けるとか、数学の証明ができるとかという話ではなく、「辻褄が合っているかどうか」を考えられることを意味しています。これは第Ⅰ部に登場した内容ともつながりますよね。

この科学的思考や論理的思考が、中学年の時期に大人のほうへ向かって大きく変化し始めるわけです。

そうなれば、当然のことながら、私たちが科学的でないこと、例えば「遅くまで起きてたらオニが来るよ！」などの声かけをしようものなら、「はっ⁉ そんなの（現実的に）来るわけないじゃん！」と指摘されてしまうかもしれません。

また、例えばいつもお子さんには「約束はまもるものでしょ！」と言っているのに、お子さんとの約束を平気で破ってしまったら、「なんでっ⁉ いつもと言ってることがちがうじゃん！」と指摘されてしまうかもしれません。

これまでは気づかれなかった（見抜かれなかった）ことも、子どもに気づかれ（見抜かれ）た上に、手厳しく指摘されてしまうわけです。

指摘してくれるのですから、そこは感謝ですよね。

黙ったまま、頭の中で「この人の言うことは、信用できないな……」と思われているだけだったら、以降の関係性に大きなダメージを与えてしまうでしょうから……。

以上の通り、頭の中の内言は大人に向かって変化し始めるのですが、先ほどのスキャモンの発育曲線の通り、体のほうはまだ子どものままです。

つまり、「からだは子ども、あたまは大人」という状況が現実として起こってしまいます。

基本的には第Ⅰ部の「やってはいけない」子育ての健全な合意づくりの考え方さえ理解できていれば、それほど心配することはありませんが、要注意な時期と言えるでしょう。

中学年についての解説の最後に、内言のもたらすもう1つのよいことを説明しておきましょう。

私たちは内言によって思考し、意識を働かせることができます。それは、私たちの感情をコントロールするためにも必要不可欠なことです。

例えば、先を急いでいるのに車の渋滞に巻き込まれてしまったとしましょう。

ここで、仮にイラ立ちがピークに達したからといって、前の車へむやみに突っ込んだり、車間距離を詰めたり、あおったりということはもちろん許されませんね。

それでは、このイラ立ちから先ほどのような愚かな行動に出ないためには何が必要でしょうか?

このときに必要なのが内言なのです。

私たちは、この内言を使って、頭の中で自分の感情を整理したり、自分に言い聞かせたりすることで、自らの感情をコントロールしています。

基本的には、内言によって思考し、意識を働かせることができればできるほど、自分の中の感情コントロールも上手にできるようになるでしょう。

逆に、内言がまだ発達途中で、思考と意識が十分ではないとき、感情を上手にコントロールできなくて、衝動的になってしまうこともあり得ます。

私たち大人も、睡眠不足だったり、忙しすぎたりすればするほど十分に思考できなくなって、イライラしてしまいますよね。

このような状態の子どもには、内言を豊かに育んであげられるサポートをおすすめしています。

この具体的な方法については次の節と第5章で紹介しますね。

また、内言によって思考できるようになると、今日という日は自分にとってどうだったのか、あのとき自分が気を付けなければならなかったことは何だったのかなど振り返り、そこから自分にとっての改善点などを見出すこともできるようになります。

これは、自分自身を客観的に見られるようになり、そこから内省につなげられる年齢（発達段階）になったということを意味しています。

⑶ 高学年の時期（5・6年生＝11・12歳）

先ほどの中学年で大きな節目を迎えたあとの時期ですから、やはり中学年以上にあたまもからだも大人のほうへ近づいていく時期といえます。

13・14歳頃に訪れるであろう思春期をなぞらえて、思春期の前の段階として「前《ぜん》思春期」と呼ばれることもあります。

この前思春期、実は、思春期の部分的な特徴が垣間見える時期ともいわれています。

特に、身体的な発育よりも、あたまの中や社会的な発達に不安定さが生まれやすくなる時期ともいえるでしょう。

そもそも思春期とは、心も体も大人の依存から自立するためのビッグウェーブです。しかし、高学年の時期は、まだその予備軍であって、大人にはまだ少なからず依存しながら自立という光を見始めている感じでしょうか。

そのため、自立しきれない自分にイラ立つ子どもも出てくる場合があります。

また、現実の自分と理想の自分や、現実の自分と他者（周囲の人たち）、他者から見た自分はいったいどうなんだろうか？　……など、さまざまな対象と現実（いま）の自分とを比べようとしてしまうんです。

比べようとすれば、どうしてもそこにズレが生じていることを感じ取ってしまいます。

そのズレを埋めようにも、埋められないズレがあることを突き詰めてしまうこともあり得るでしょう。

そして、これらのズレを埋められない自分や周囲にイラ立ちを感じてしまう子も。

さらに、ここに先ほどの身体的な発育による変化、例えば性ホルモンの分泌などが絡んでくると、いよいよ思春期直前となるため、高学年に入ると不安定さや感情のコントロールの難しさが出てくるのです。

また、頭の中の内言による思考の世界が深まっていく中で、これまで以上に考えすぎたり、もの思いにふけりすぎたりということも出てきます。

それは、ともすれば精神的な負荷（ストレス）をためすぎてしまうことにもつながりかねません。

そうなってくると、もう私たち大人の精神状態となんら変わらなくなってきますね。

しかし、私たち大人もこのストレスをためすぎないように、気晴らしの時間をつくるようにしていませんか？

ご自身にあったいろいろな時間をつくられていると思います。

実は、このストレスをためすぎないための気晴らしの時間は、高学年の子どもになれば、すでに自分でつくろうとしているケースもあります。

これまでは、単なる娯楽だったゲームや動画視聴も、高学年では立派な気晴らしの時間になっているかもしれません。

この気晴らしの時間は、私たちと同様に、自分の心を守るための時間です。

そのため、娯楽のし過ぎだと一方的に判断され、その時間を「禁止」という形で無下に奪われてしまうのは、子どもにとってはたまったものではありません。

２０２０年からのコロナ禍で、私たち大人も感じていた、あの「やりたくてもやれない」という鬱々とした感情を子どもに与えてしまう危険性がありますので、こちらも注意を払ってください。

発達段階をおさえたかかわり

ここまで、7歳から12歳までの小学生は、児童期という発達段階であること、そして、この児童期は低学年・中学年・高学年として2年間ずつ、3つの時期に分けられることを知っていただきました。

それでは、どうしてこのような児童期の発達段階の特徴を知っておく必要があるのでしょうか？

すでにお伝えした通り、こうした一般的な特徴は「できるようになる」だけでなく「できなくなってくる」ということも含めた変化の過程であり、さらに個人によってもその変化には違いがあります。

そのため、うちの子は（一般的な特徴よりも）育ちが早いとか遅いとか一喜一憂するようなものではありません。

あえて言うなら「地図」のようなものですね。

私たちは、地図を使えば、「いまどこにいるのか？」「この先、どこを目指せばよいのか？」といったことがわかります。

つまり、いまのうちの子の育ちが、一般的な育ちから見てどこにあるのかを知り、これからどうなっていくのかという見通しを持てるようになるわけですね。

そして、このことがわかれば、子どもの育ちの状況を踏まえて、「できないことはさせない」「できそうなことをたすける」「いまはあえて見守る」といったかかわりができるようになるでしょう。

これは、「発達」という視点から「やってはいけないこと」を見ることになります。

体育の時間に、50メートル走という「走る力」を測定する内容があります。

例えばわが子が、小学3年生で50メートル走が10秒台だったとしましょう。

その子に対して、いまからすぐに7秒台で走れるようになりなさいと言う親はまずいませんよね。

それは、いますぐに2秒も3秒もタイムを上げることは現実的ではないとわかっているからです。


それでは、このことを社会的な発達に置き換えてみましょう。

低学年（1・2年生＝7・8歳）の頃には、まだ幼児期のときのような自己中心性が残っている子どもも多いという説明をしました。

そんな子どもが、いますぐ周囲の人たちを思いやって、周囲の人たちのために自らを抑えられるようになると思われますか？


先ほどの50メートル走と同じなんです。

走る力は数値的にわかりやすいから、わが子にそんな無理な要求をすることはあり得ないのに、社会的な発達のようにわかりにくいものについては、いますぐできるようになってほしいとついつい無理難題を押し付けてしまっている恐れがあるんです。

「発達」という視点から、子どもの育ちの地図を手に入れたとき、私たちは「できないことをさせない」ということに気を付けなければならないでしょう。

ただし、いまできないことについて、親として、大人として何も言わないというわけでもありません。

私はよくこうしたときに「置いていきましょう」という言葉を使っています。

例えば、オニごっこをやっていてオニになった瞬間にオニごっこをやめてしまう子どもを無理やり連れ戻すのではなく、「（あなたがやめちゃうと）みんなのオニごっこがつまらなくなっちゃうよ」と伝えてみることは大切です。

社会的な発達から見て、まだできないことを無理やりさせたり、できなかったことについて過剰に叱責したりするような必要はありません。

だけど、こちらから伝えるべきことは伝えておくことも忘れてはいけませんよね。

これを私は「置いていく」と呼んでいます。

つまり、まだ発達段階的にこのことを理解できるようになるわけではないかもしれないけど、このことを理解できるようになるときには「拾ってもらいたい」という意味を込めて、「置いていく」と言っているわけです。


これって、私たちも経験したことがありませんか？

あのとき、自分の親に言われたことが、当時はまったく理解できなかったんだけど、大人になっていくにつれて、「こういうことだったんだよな」とわかるようになってきたこと……。

それって、あのとき親が置いていってくれたことを、私たちが拾えるようになったということですよね。

無理やりさせるのではなく置いていくという感覚で、いまできなくても、伝えるべきことは伝えてみてあげてくださいね。

もう1つ、「できそうなことは助ける」ということも大切です。

例えば、4年生ぐらいになってもキレやすく、荒れた言動が目立ってしまっている子どもがいたとしましょう。このとき、荒れた言動によってほかの子どもが傷つけられてしまうなどの不利益が生じる場合には、何よりも真っ先にその言動へストップをかける必要があるでしょう。

そうでないのであれば、そっとしておいてあげることや、キレてしまった理由を聞いてあげることもできればよいですね。

自分の感情をコントロールするうえでも、先ほどの内言の育ちはとても大切でしたよね。

そこで、内言の育ちを助けていくことで、感情をコントロールしてキレにくくなれるように助けることができるかもしれません。

キレてしまったあとでよいので、キレたときの自分のイラ立ちがどれぐらいなのか？　何が原因でキレてしまったのか？　などについて、その子自身が振り返ることができるようなお手伝いもおすすめです。

内言は、外側に発する外言を身につけることによって育っていくともいわれています。

それなら、まずは自分の感情を言葉にしてしゃべってみて、自分の感情についてて少しでも自分でわかるように助けていけば、次第に頭の中の内言が育ち、内言を使って感情をコントロールできるようになることが期待できるわけです。

このように、「できないことはさせない」というかかわりもあれば、「できそうなことを助ける」というかかわりもあることを知っておいてください。

そして、仮に4年生ぐらいに内言が育ち始め、自分の感情を上手にコントロールできるようになったとしても、前思春期に突入してしまうと不安定な面があらわれ始めて、感情のコントロールが難しくなってしまう事態も出てきます。

このとき、少し前のように「感情のコントロールができるようになりなさい」ときつく言っても、それはできないことをさせようとしているにすぎません。

また、ここで感情のコントロールの大切さを伝えるだけ伝えよう（置いていこう）としても、そのこと自体は本人もすでに理解できていることなので、置いていく必要もありません。

それでは、親としては一体何ができるのでしょうか？　結論としてはあえて何もしないこと、つまり「いまはあえて見守る」ということになります。

いまはそっとしておく……。でも何が起きても知らないというのではなく、何かがあればいつでも助ける……、それまではあえてこちらからは何もしない（つまり、見守っている）……というかかわり方も大切です。

ちなみに、ありがたいことに前思春期や思春期は一過性のものであり、いつまでもずっと続くものではありません。

そのあとにはからだもあたまも大人そのものになる時期が待っています。

いまだけを見るのではなく、少し先を見通しておくと、子育てに対する気持ちが楽になるかもしれないですね。

本章の最後に、次の言葉をご紹介しておきましょう。これは、秩父神社（埼玉県）にある『親の心得（薗田稔氏作）』です。

親の心得

赤子には肌を離すな
幼児には手を離すな
子供には眼を離すな
若者には心を離すな

昔の人って改めてすごいよなぁと思ってしまいます。

科学的な研究をしてきたわけではないのに、こんなに発達段階のことをきちんとおさえて、どのようにかかわっていけばよいのかを明快に教えてくれているんですよね。

「赤子（＝0～1歳未満の乳児）には肌を離すな」というのは、アタッチメント（愛着関係）そのものですよね。

まず何よりも、わが子が乳児の頃には、肌のぬくもりを通じて、「あなたはここにいるよ」「あなたはここにいていいんだよ」という安心感や自己肯定感を持てるようにしてあげたいものです。

「幼児（＝1～6歳の幼児）には手を離すな」というのは、段々と立って歩いて、言葉も話せるようになっていく時期ではあるものの、危険なことからは守ってあげなければならないため、手を離さずにしっかりと育ててあげたいものです。

そして、いよいよ児童期の「子供（＝7〜12歳の児童）には眼を離すな」です。ますます自立し始めるわが子に対して、手を離さずにいると逆にその自立を妨げてしまいかねません。

そのため、手を離して自分の判断で動けるようにしてあげたいのですが、もちろん危険からその子を守ることも必要です。

だからこそ、手は離すけど眼は離さずに見守ってあげたいということですね。

さらに、もっと自立を信じて見守っていくというのが青年期ですね。

「若者（＝13歳以降の青年）には心を離すな」です。

青年になったとはいえ、無関心になるのではなく、それでいて大人から守られる存在にするのでもなく、わが子への関心の糸を切らずに、何かあれば助けることはするけれど、そうでなければ自分のことは自分でできるように、自分のことは自分で守れるように、自立を促していきたいものです。

こうやってみると、子どもの頃の発達段階を理解してかかわっていくと、いまはどんな子育てが、そしてこれから先にはどんな子育てができればよいのか、という見通しを持てるようになります。

何をするときもそうですが、「見通し」を持つことができれば、気持ちも楽になりますし、子育てに力が入りすぎるということも少なくなりそうです。

ぜひ、見通しを持っておいてくださいね。

ちなみに、先ほどの解説の中に何度も「自立」という言葉が出てきましたが、子どもの発達の最も先にある見通し（目標）として私たちが持っておきたいことは、わが子の「自立」であるということを忘れてはいけません。

わが子の「自立」という子育てのゴールイメージがあれば、子育ての中で判断に迷ったときに「これは自立を助けるかかわりなのか、自立を妨げるかかわりなのか」という問いを立てて考えてみることもできそうですよね。

第Ⅱ部

知っておきたい！子どものこと

CHAPTER 04

「非認知能力」といわれる力について

非認知能力を知っていますか？——「認知能力」ではない力

最近、保育や教育の世界だけでなく、ビジネスの世界でも注目を集めるようになった「非認知能力」という力をご存知ですか？

例えば、「常識」という言葉に「非（あらず）」が付けば「非常識」になります。「日常」という言葉であれば「非日常」ですよね。

これとまったく同じように「認知能力」ではないから「非認知能力」という関係になります。

それでは、この場合の認知能力とはいったいどのような力のことを指しているのでしょうか？

これはいわゆる「学力」です。

勉強をして身につけることができ、その成果をテストによって点数にすることができる。その点数によって、誰から見ても高さや低さがはっきりとわかるのが「学力」です。

一方で、このような力ではないものが非認知能力です。

つまり、勉強だけでは身につけられなくて、その成果をテストによって点数にすることはできなくて、その力の高さや低さがはっきりとわからない力が非認知能力といわれる力です。

以上をふまえて、認知能力と非認知能力の関係を、次の図ように整理してみました。

こうやって整理してみると、私たちが非認

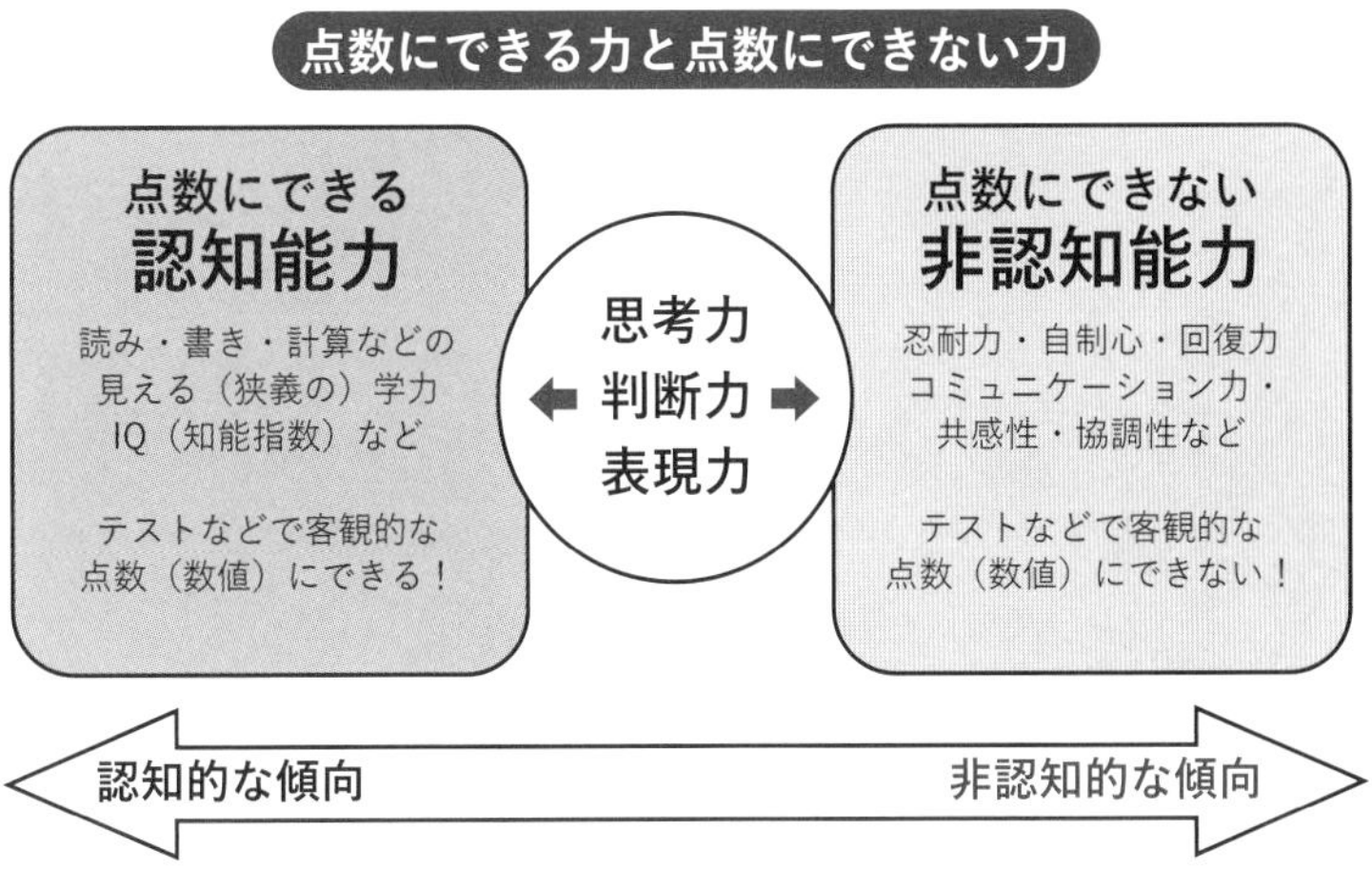

知能力と呼んでいる力というのは、多くの場合、これまで私たちが「心」とか「気」といっていたものと同じなんだということがわかります。

例えば、これまでも私たちは忍耐力を「根気」、イヤなことがあっても気持ちを切り替えられる回復力を「折れない心」などと呼んできました。

意欲や向上心のことを「やる気」、相手の気持ちを考えられる共感性は「やさしい心」と呼んできました。

このように、非認知能力とは、私たちが親や学校の先生、地域の大人の方々から大切なものとして伝えられてきた「心」や「気」といった内面的なものだととらえれば、すんなりと理解できそうです。

ちなみに、これらの「心」や「気」は、私たちが生まれながらに持ち合わせている変えられないものではなく、子どもから大人になっていくにつれて変えられるものとしてとらえているからこそ「能力（力）」と呼ばれています。

そう考えてみると、いまさら非認知能力だなんて言わなくても、これまでも私たちが人として生きていく上で必要なものとして意識してきたことなんだから、それでいいじゃないか、って思いますよね？

なぜ、これほどまでに注目を集めるようになったのか、その背景については次の節で説明しますが、ここではまず著名な研究者や国際的な組織によって「非認知能力が伸びることで、認知能力（学力）も高まりやすくなる」、さらには、「非認知能力が伸びることで、社会での成功にもつながる」といったことが明らかにされ、非認知能力を伸ばすことの重要性がより一層注目を集め始めたことにフォーカスしたいと思います。

つまり、わが子が人として生きていく上で大切な「心の力（＝非認知能力）」を伸ばしていくことで、学力向上にもつなげていきやすくなるということです。

この関係については、次のイメージ図をご覧ください。

このイメージ図は、子育てと家を建てる過程とを重ねてみたものです。

こちらをご覧いただくと、家を建てるときになくてはならない土台は、自己肯定感（自己受容感）と重なります。

これは、自分という存在を、「自分は自分でいい」と受け容れられる感覚のことです。

この自己肯定感（自己受容感）を育むためには、一般的に3～4歳ぐらい

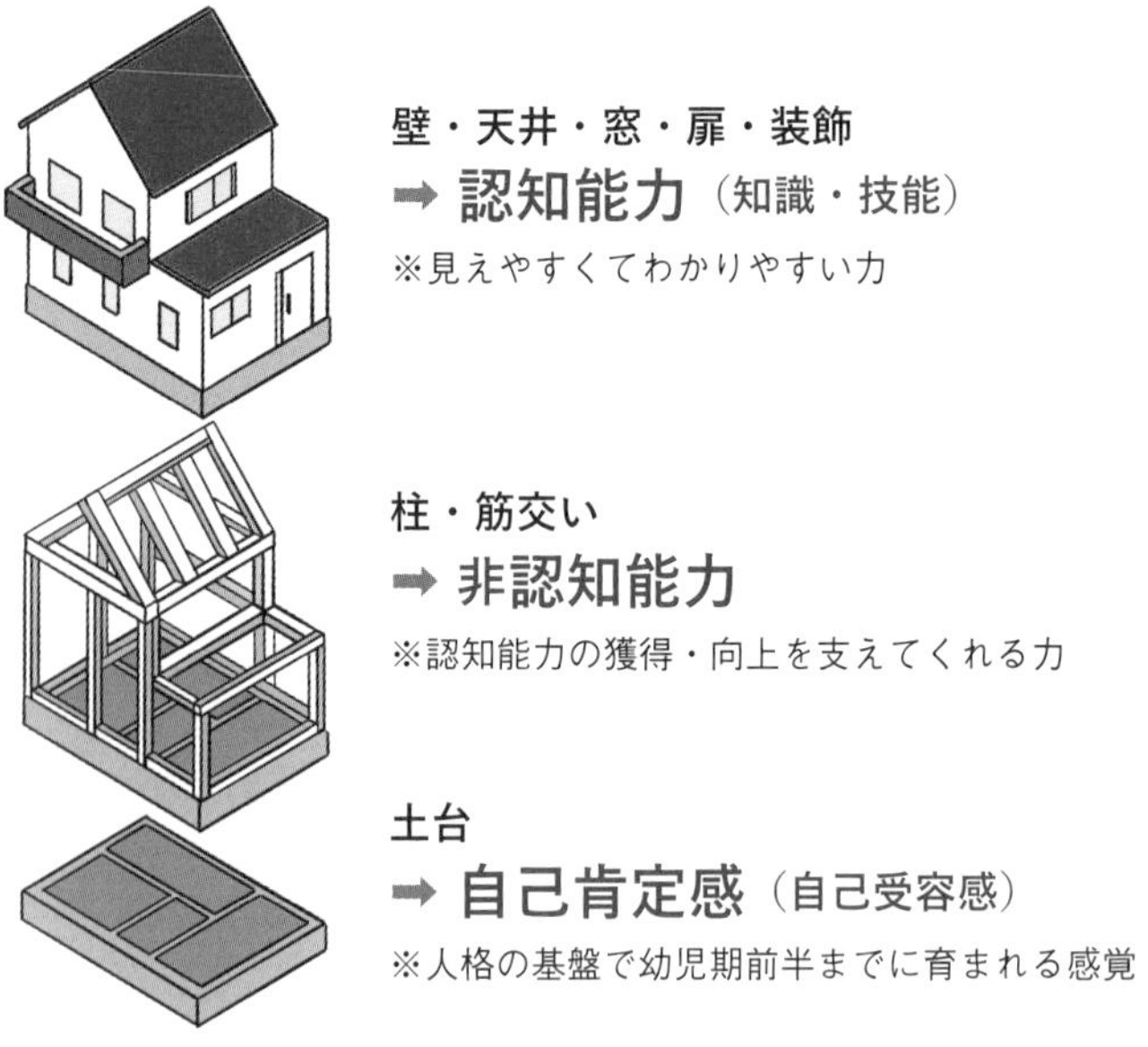

までの親子を中心としたアタッチメント（愛着関係）が大切になります。

このアタッチメントは、ちょうど第3章の最後で紹介した「赤子は肌を離すな」にも通じるものですね。

ということで、私たちにとっての人格の基盤となっている自己肯定感（自己受容感）は家の土台になるわけです。

この土台の上に組み立てられるのが、家でいうところの柱や筋《すじ》交《か》いになります。

まさに、家の骨格となって家を支えてくれているわけですが、ここが非認知能力として位置付けられそうです。

さらに、そこにつける壁や天井、窓、扉、そのほかの装飾も含めた家の内装と外装といった見えるものが認知能力になります。

このようにとらえると、粘り強くあきらめずに取り組み続けられる力（非認知能力）があれば、これまでやってきたことよりさらに難しい課題に直面しても、その課題をあきらめることなく最後まで取り組むことができて、その課題から得られる力（認知能力）を身につけられることがわかりますね。

つまり、非認知能力によって、認知能力を身につけていく過程を支えてもらえるのです。

家も、土台↓柱・筋交い↓内装・外装という手順で建てていくように、子どもにおいても自己肯定感↓非認知能力↓認知能力という関係性を大切に育てていきたいですね。

見えないところをおざなりにして、見えるところばかりに目を向けてしまい、認知能力だけを身につけさせようとすることは適切ではありませんので、注意が必要です。

逆に、見えないところ（非認知能力）をしっかり育てていくことができれば、後々になっても認知能力を身につけていくことができるといえます。

ここで、みなさんに気を付けていただきたいことがあります。

それはお子さんやみなさんご自身が非認知能力を伸ばしていく上で、それがどんな非認知能力にあたるのかをわかっておいていただきたいということです。

非認知能力と一言でいっても、その定義からして本当にたくさんの力が浮かび上がってきます。

そのため、「あの子、非認知能力ないんだなぁ……」とか「最近、うちの子の非認知能力上がってきたかも〜」といった一言は、ニュアンスとしてはたしかに理解できるのですが、厳密に言ってしまうと適切な表現にはなっていないんです。

もし、その子の何らかの非認知能力を伸ばすためにかかわっていきたいということでしたら、どんな非認知能力なのかを具体的に示す必要があるでしょう。

そのための手がかりとして、次の図のような非認知能力グループを活用してみてください。

この図では、非認知能力を大きく3つのグループに分けています。
これは、教育現場の先生方が、子どもの非認知能力を教育現場で育成するために作ったものです。

自分と向き合う力

これは、イヤなことや辛いことなどのマイナスなことが起きたとしても、いまの自分の状態へ戻すことのできる能力をグループにしています。

教育現場で活用できる3つの非認知能力グループ

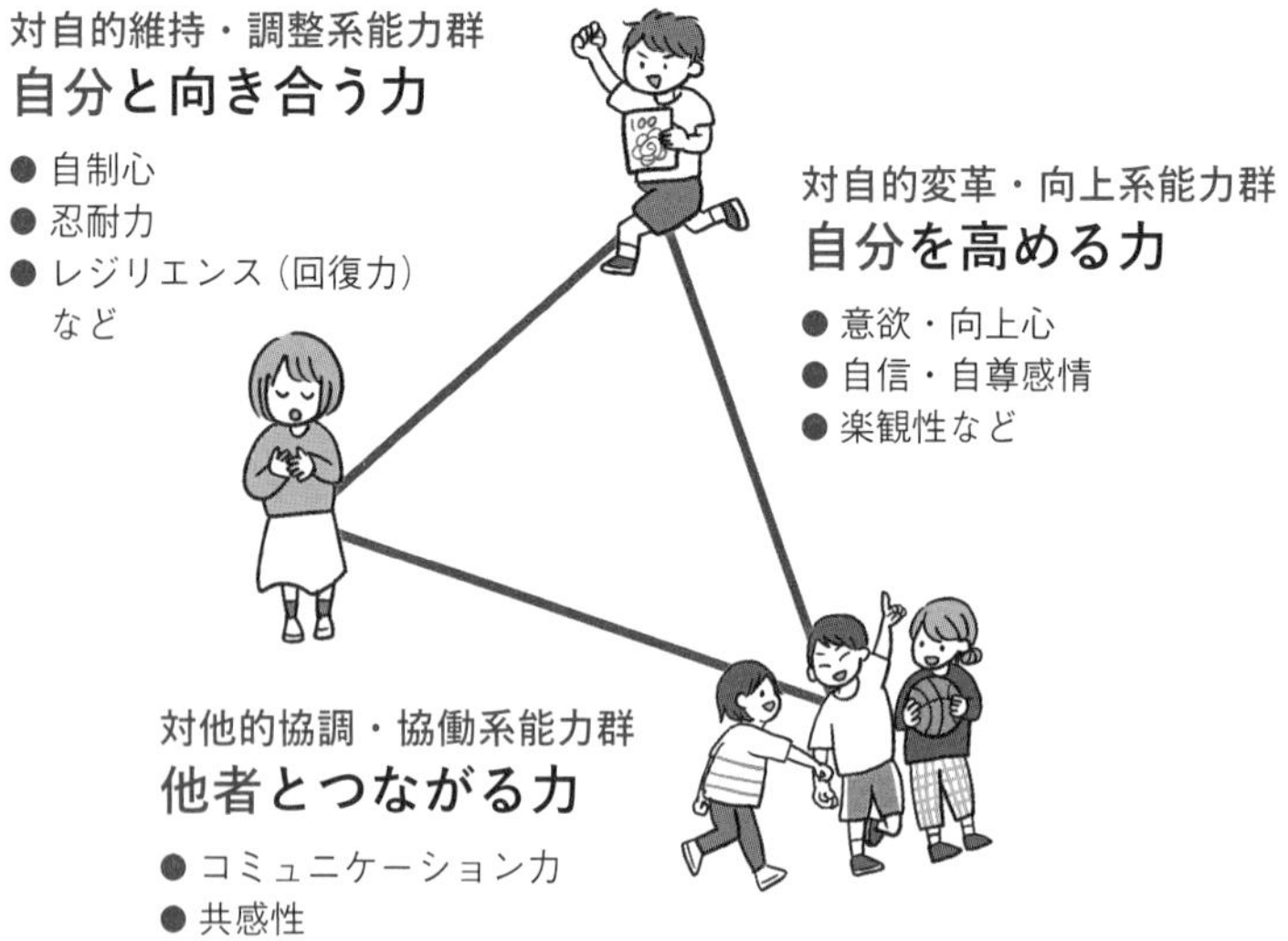

【例】
・感情を平常に保つための自制心
・我慢して続けるための忍耐力
・気持ちを切り替えるための回復力

自分を高める力

いまの自分の状態をそのまま維持するだけでなく、もっとよりよくしていくことも必要です。そのために、いまの状態をさらによりよくしていくことのできる能力をグループにしています。

【例】
・よりよくしていこうとするための意欲・向上心
・自分ならできると信じるための自信・自尊感情
・ポジティブにものごとをとらえるための楽観性

他者とつながる力

自分一人で何かをするのではなく、ほかの人たちとともに取り組むことも必要です。相手とやりとりをしたり、折り合いをつけたりしながら、お互いに協力できる関係を築くための能力をグループにしています。

【例】
・相手と意思疎通を図るためのコミュニケーション力
・相手の心情を想像的に理解するための共感性
・他者たちとともに行動し協力するための社交性・協調性

こうやってグループに整理してみると、自分はこれから自分の中の何を意識すればよいのか、うちの子のどんな力を伸ばしてあげたいと思っているのかがはっきりとしてきます。

ちなみに、これらの非認知能力グループを使って、いまの自分やわが子はどうだろうかと「評価」をするのは自由なのですが、この評価は変わっていきます。

これは大人も同じですが、自分が置かれている状況や求められている役割に応じて、意識するものが変わってきますので、一喜一憂する必要はありません。

併せて、この非認知能力はいわゆる学力のような認知能力ほど単純なものではないということも知っておいてください。

言うまでもなく、学力などの認知能力においては、学力テストで高得点を取れるほど高く評価されます。

ところが、非認知能力は高ければ高いほどよいとは決して言いきれない力なのです。

次ページに3つのグループで各非認知能力のプラス面とマイナス面を整理してみましたので、みなさんご自身はどうか、お子さんはどうかと思いながら確かめてみてください。

	プラスの面	マイナスの面
自分と向き合う力	・いつも安定していて、表情や態度に落ち着きがある。 ・計画などに忠実で規律正しく、忍耐強さと注意深さがある。 ・凹むことがあっても気持ちを切り替えて、再び取り組める。	・周囲から自分の感情の変化が理解されにくい。 ・想定外の突然の出来事に弱く、臨機応変な対応が苦手。 ・ストレスなどの精神的な負荷を抱え過ぎてしまう。
自分を高める力	・新しいものを好み、そこに喜びを感じられる。 ・難しいことに直面しても自分の可能性を信じることができる。 ・いろいろなことに取り組む中で楽しみを感じることができる。	・新しいものを好むために、１つのことを継続しにくい。 ・無謀な挑戦をしてしまい、リスクの想定や計画が苦手。 ・楽しみが独りよがりになってしまい周囲とかみ合わなくなる。
他者とつながる力	・他者と意思疎通しやすい発信と受信ができる。 ・他者の感情や思いを想像的に理解することができる。 ・人当たりのよさがあって、たくさんの人と仲良くできる。	・自分と相手との一致感を押し付けてしまいやすい。 ・相手に心を砕きすぎてしまい、精神的な疲労が生まれやすい。 ・他者との衝突を避けるために自分の主張が少なくなる。

このような非認知能力の特徴を理解した上で、わが子の非認知能力を伸ばそうとするだけでなく、状況に応じて非認知能力を使いこなせる（マイナスの面が発揮されないように調整できる）ように育てることも忘れてはいけません。
そのための具体的な働きかけは、次の章でくわしく提案したいと思います。

さて、ここまでで非認知能力といわれる力がどのような力を指しているのかはおわかりいただけたでしょうか？　次は、この非認知能力がどうしていま、こんなに注目を集めるようになったのかについて説明していくことにします。

非認知能力が注目を集める理由は？

中学1年生まで昭和の時代を過ごしてきた私が子どもの頃は、漫画やアニメのキャラクターがあきらめることなく強大なボスキャラに立ち向かっていったり、自分自身のレベルアップのために自ら修行に挑んでみたり、自分よりも力の弱い人たちをやさしく守ってあげられたり……そんなシーンをあちこちで目にしていたものです。

そのたびに「カッコいい！」とそのキャラクターにあこがれ、自分もこんなふうになりたい、なんて思っていました。

よくよく思い出しても、漫画やアニメの中にはそういうキャラクターが多かったですし、漫画やアニメのテーマ自体も「あきらめない心」とか「前を向いてがんばる心」とか「弱きをたすけられる心」といったものばかりでした。

つまり、私の少年時代もまた、非認知能力が大切だというメッセージがはっきりと発信されていたんでしょうね。

それでは、なぜいまになってこんなに非認知能力が注目を集めているのでしょうか？

ノーベル経済学者がインパクトのある研究結果を示したことも1つでしょうし、

国際的な組織が提言をしたことも1つでしょう。

しかし、そのさらに奥にある時代的な背景には何があるのかということも知っておきたいものです。

私たちが子ども時代から同じようなことを言っているのだけど、あの時とは明らかに何かが違う……。一言で表すなら、それはリアリティなのかもしれません。

私はこのリアリティについて、自分が大学1、2年生の頃に使っていた「ポケベル（ポケットベル）」の話を例にすることが多いのですが、ポケベルからスマホ（スマートフォン）に到達するまでの時間は、たったの約25年間でした。

みなさんもご存知の通り、ポケベルとスマホの間には、ガラケー（ケータイ電話）もありましたね。つまり、このたった25年の間にポケベルがガラケーを超えてスマホになってしまったわけです。

それでは、スマホからの25年先はどうなっているんでしょう?

２０４５年には、シンギュラリティ（技術的特異点）といわれるものすごく科学技術が進化するタイミングがやってくると専門家は言っています。


そんな中で、ボタン1つで世界各国の言語を翻訳してくれる翻訳機やコロナ禍で大活躍したリモートシステム、サッカーのワールドカップではＶＡＲ（ビデオ・アシスタント・レフェリー）なんていうのも登場してきました。

最近の話題はなんといってもChatGPTなどの対話型ＡＩでしょうか。

国の政策にまで影響を及ぼすようになってきていますね。


このような状況は、私たちが子どもの頃にはありませんでした。

あったとしても、漫画の中で人間臭い主人公とスーパーコンピューター搭載のロボットが対戦し、多くの場合、人間の感情の部分に勝てない……という話になっていた記憶があります。

あれがまさに現実になろうとしていると思うと、改めて驚きです。
それだけ、漫画の中にいたＡＩやコンピューター、そしてロボットが現実世界で大きな存在感を示すようになったわけです。

これこそがまさにリアリティですよね。
そして、このような時代だからこそ、「ＡＩに仕事が奪われる」であったり「ＡＩ未満人材」といった言葉が飛び交うようになってしまいました。

私たち人間はＡＩと仕事を奪い合う関係を築くわけでもなければ、ＡＩと比べて人間の能力を評価するわけでもありません。
世の中はいつも変化し続けるものであり、その変化にどれだけ対応できるかが問われているわけです。

少し言い方を換えるとすれば、私たち人間とＡＩがパートナーになること、そして、そこからより豊かな社会をつくっていくことがリアルに求められているのではないでしょうか。

それでは、お互いがどのようなパートナーになっていけばよいのでしょうか。

パートナーとして成り立つためには、本来、お互いの強みを生かし合い、弱みを補い合うことが必要不可欠です。

ＡＩの強み（弱み）、人間の強み（弱み）は、それぞれどのようなものなのでしょう？

先ほどの漫画の話にも出てきましたが、キーワードは「感情」になります。

ＡＩは人間とちがって感情を持ち得ません。

しかし、情報を処理する能力に関しては、そのスピードと正確さは人間をはるかに上回るようになりました。

さらに、人間とちがって24時間３６５日をフル稼働できるという強みも持っています。これはさすがに人間よりも明らかな強みといえるでしょう。

したがって、ＡＩは認知能力が明らかに高いということになるわけです。

一方の人間ですが、情報処理能力では劣るものの、人間だからこそ持ち合わせている感情によって、ＡＩにできないことができるようになります。

その１つが、非認知能力の１つでもある、人に対する共感です。

私たちは、いまその人がどういう感情になっているのかを想像できる力を持っています。

それと同時に、その人の感情を想像していく中で、まるでその人にでもなったかのようにその人へ感情移入をすることもできます。

これを「共感性」というわけですが、相手の感情の読み取りをするということに加えて、自分と相手の感情を重ねていくようなところまで達するためには、そもそも自分自身も感情を持っていないとできません。

また、「しんどい……」と感じるのも人間ですが、「でも、がんばろう」と自らを鼓舞するのも人間のなせる業です。

さらに、非認知能力の1つでもある「〇〇〇したい（しよう）」という意欲にも感情が必要です。

こうした感情によって、私たちは目標（夢）を持つことになります。

別に、そんな壮大なものである必要はありません。

例えば、次のような例でもいいのです。

おなかが減ったなぁ……

⬅

この前テレビで見たラーメン食べてみたいなぁ……

⬅

あのラーメン屋さんはどこだろう……（スマホで調べる）

おっ、ここかぁ〜近いなぁ！
よしっ、行ってみよう‼
⬅
ラーメン屋さんへＧＯ！

人間にとっては日常の一場面ですが、ＡＩにとってはできないことですね。

感情を持ち合わせている人間だからこそ、空腹を感じて何かを食べたいと思う。

それが何でもよいというわけではなく、この前テレビで見たラーメンを食べたいというところまで意欲を持つことができるわけです。

こうした意欲が、目標（ゴール）の設定を可能にしていますよね。

そして、ここでそのラーメン屋さんをスマホで検索したところ、お目当てのラーメン屋さんを明確にできただけでなく、どこにあるのかも（どうやって行けばよいのかも）把握できました。

つまり、人間が食べたいラーメンとラーメン屋さんという目標の設定をスマホが助けてくれ、さらにルート設計をしてもらえたことになります。

このパートナーシップがなければ、結局ラーメン屋さんは見つからず、別のラーメンまたはそのほかの食事でこの人は我慢しなければならなかったかもしれないですね。

人間とＡＩとのパートナーシップがうまくいけばいくほど、私たちはより豊かな社会をつくることも、私たち個人の自己実現をすることもできるのではないでしょうか。

しかし、これができるのも、非認知能力をどれだけ発揮できるかにかかっているわけです。

なぜなら、感情を持ち合わせていないＡＩには、非認知能力を発揮しようにも発揮できないからです。

変化に対応するには、結局のところ変化の中で自分（人間）にしかできないことは何かを見出し、そこに意識を向けることから始めていく必要があるのでしょう。

さらに、こうした科学技術の進化に加えて、医療技術の進化から、平均寿命が長期化している時代（人生１００年時代）にも突入しました。

この長期化した人生を幸福に生きていくためにも、周囲の人たちとふれ合い、支え合いながら、楽しく、かつさまざまな課題を乗り超えていかなければなりません。

ここでもまた非認知能力が求められているわけです。

先ほども変化に対応していくことの大切さについてふれましたが、この変化のスピードが本当に急速になっているように思います。

もう、「いい大学に行けば、いい企業や官公庁に入れて、定年まで安心・安全・安定」という「正解」はなくなってしまいました。

子どもたち自らの意思で目標を設定して、その目標に対して失敗も許容してもらいながら行動し、その中で必要に応じて軌道修正もしていける……。

私たち大人に求められていることは、そんな自立していける子どもを一人でも多く育てていくことではないでしょうか?

そのためにも一人の人間として子どもの権利を最大限に尊重し、発達段階に応じて「依存しながら自立していける」ような子育てをしていきたいものです。

そうした子育てが、子どもたちのさまざまな非認知能力を伸ばしていくことになるでしょう。

子どもの非認知能力を育てるためには？

この第Ⅱ部では、第Ⅰ部で説明した「やってはいけない」子育てを避けるだけでなく、第Ⅲ部で紹介する「やってみたい」子育てへと向かっていくために、児童期を発達段階の特徴と非認知能力の育成という視点から説明してきました。

そして、いよいよこの第Ⅱ部の締めくくりとなるわけですが、改めて先ほどの「子どもが大人に育っていく」ということについて説明したいと思います。

「子どもが大人に育つ」ってみなさんにとっては当たり前のことだと思います。だって、私たち自身がみんな子どもから大人に育ってきたわけですから……。

第3章の発達段階でいうなら、乳幼児期から児童期、そして青年期を経て、成人期に突入するあたりからいよいよ大人になったということでしょうか。

身体的には第二次成長期と第二次性徴を経るといよいよ大人のからだへ、頭の中は、さらに早くて児童期の10歳頃から大人になり始めるという話をしましたよね。

それに加えて、忘れてはいけないのは、これらが複合的に絡み合った思春期ですね。このカオス（混沌）ともいえる思春期を経ることで、私たちは大人になってきたわけです。

このように、私たちは気づかない間に、当たり前のように大人になってきました。

ちょうど、私は第3章の最後に「自立」という言葉を使いました。

子どもたちは、からだも、あたまの中も自立して、やがては社会の中で自立していきます。

もっと簡単な言葉でいえば、ちゃんと自分で「飯を食っていける大人になる」ということですね。

この子どもから大人へと自立していくことをあえて教育的に別な言葉を使うなら、「人格形成（人格を形成する）」となります。

私は、よく学校の先生方の研修の時に、教育は子どもたちの人格形成をたすける営みだというお話をしています。

また、教師は子どもたちの人格形成をたすけている専門職者であり、学校は子どもたちにとって人格形成の場であるということも付け加えます。

実は、非認知能力のお話をするときに、入り口としてこの人格形成はとても話しやすいんです。

なぜなら、一人の子どもが人格を形成するうえで、なんらかの非認知能力を伸ばすということは切っても切り離せない関係だからです。

例えば、もともと短気な子どもは、死ぬまで短気を貫くわけではありませんよね。よく「短気は損気」といわれるように、短気な子どもは、育っていく中で、短気が損を招くということを経験して、そこから学んで、短気である自分を変えようとします。

このとき、忍耐力や寛容性という非認知能力を自ら伸ばしていくことができれば、短気な自分を変えていくことができるわけです。

なので、誤解を恐れずに言ってしまうなら、その子の人格を形成するということは、何らかの非認知能力を伸ばすということと同じ意味と言ってしまってもよいでしょう。

私たちは、そうやって自分に必要ななんらかの非認知能力を伸ばしながら、大人へと育っていったわけです。

それでは、人格ってなんでしょう？

私たちが、人格とか人間性と呼んでいるものは、そもそもどういうものなのか、同じように使っている「気質」と「性格」も含めて、その構造について説明したいと思います。

次の図をご覧ください。

私たちは、生まれながらに気質という内面（情動）的な特徴を持ち合わせています。

みなさんも自覚がありませんか？

短気、のんびり、愛嬌がある、引っ込み思案、まじめ、行動的などなど、いろんな気質がありますよね？

それぞれの人たちがそれぞれに持ち合わせている気質というのは、「生まれながらに持ち合わせている（先天的）」ということが最大の特徴です。

そして、この気質をベースに、3〜4歳（幼児期前半）の頃までに出来上がってくるのが性格です。

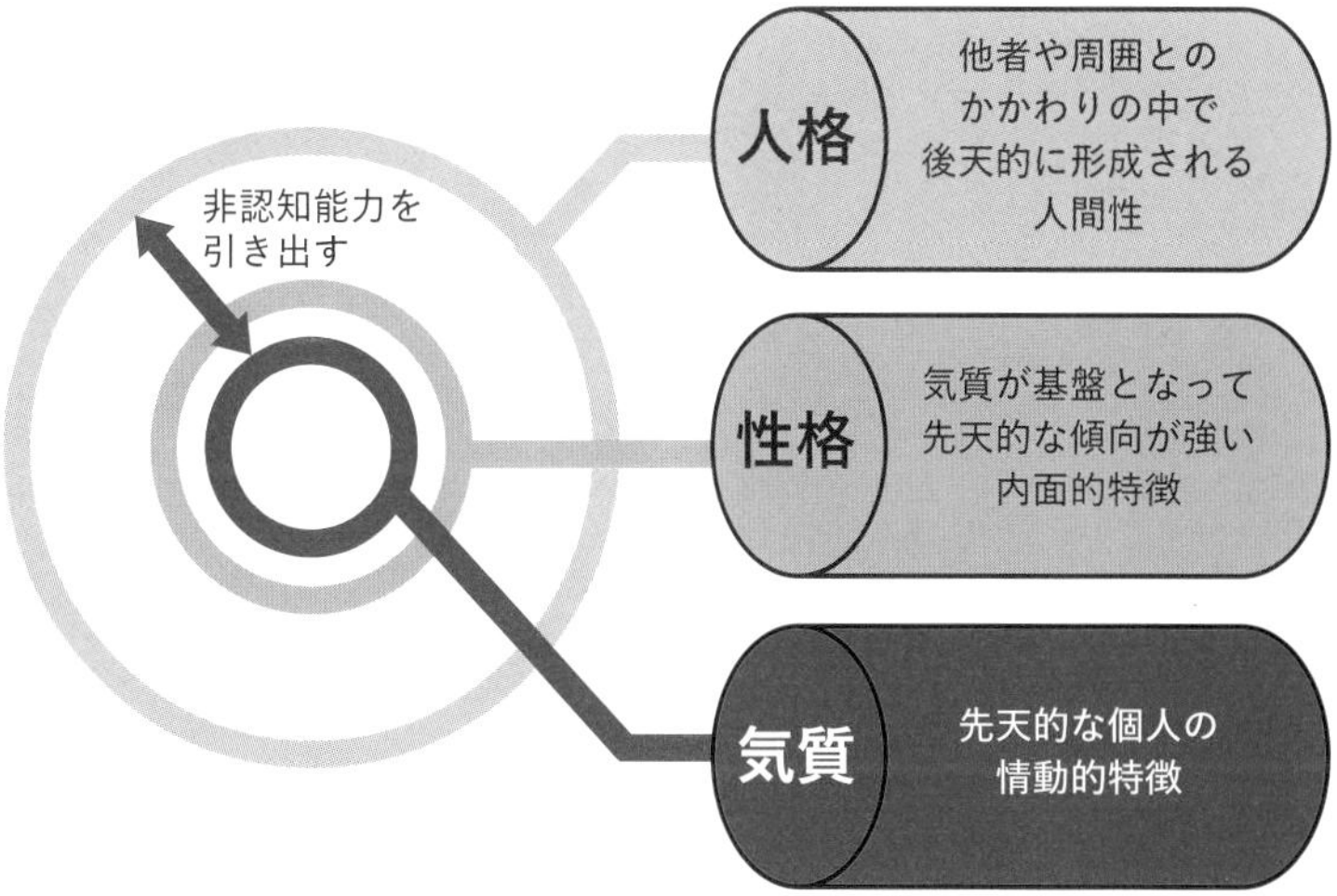

性格というのは、生まれたあとでつくられていくのですが、かなり先天的な気質に影響を受けているといえるでしょう。

そして、子どもだけでなく大人になって以降も、死ぬまで（後天的に）形成されていくのが人格です。

このことを子育てに置き換えていくなら、私たち親がわが子の子育てのゴール（目標）として持っておきたいのは、わが子の「自立」、つまり子どもから大人へと育つということであり、大人になるための人格を形成するということです。

そのために、その妨げとなる「やってはいけない子育て」を避けるよう努力し、わが子の自立や人格形成をたすけるために「やってみたい子育て」をやってみることで、発達段階的にも伸び盛りの児童期に、わが子に必要な非認知能力を伸ばす手助けができるかもしれません。

そのためにも、まずはわが子の気質や性格、発達障害特性などの基本特性について把握しておくことから始めましょう。

つまり、わが子がどんなタイプなのかを知っておくということですが、これはわが子がどんな場面でどういう行動（発言なども含む）をしがちなのかについて把握していただければよいかと思います。

ただ、この気質や性格、基本特性を変えようとすることはできませんので、その点については注意しておいてくださいね。

ここで次の「非認知能力のピラミッド」をご覧ください。

この図からもわかるように、ピラミッドの底辺になっているのは、「気質・性格・基本特性」です。

先ほどの人格形成の通り、私たちが何らかの非認知能力を伸ばしていく上で、底辺部分の「気質・性格・基本特性」は基盤になりますが、変えることはできないものとして位置づけられています。

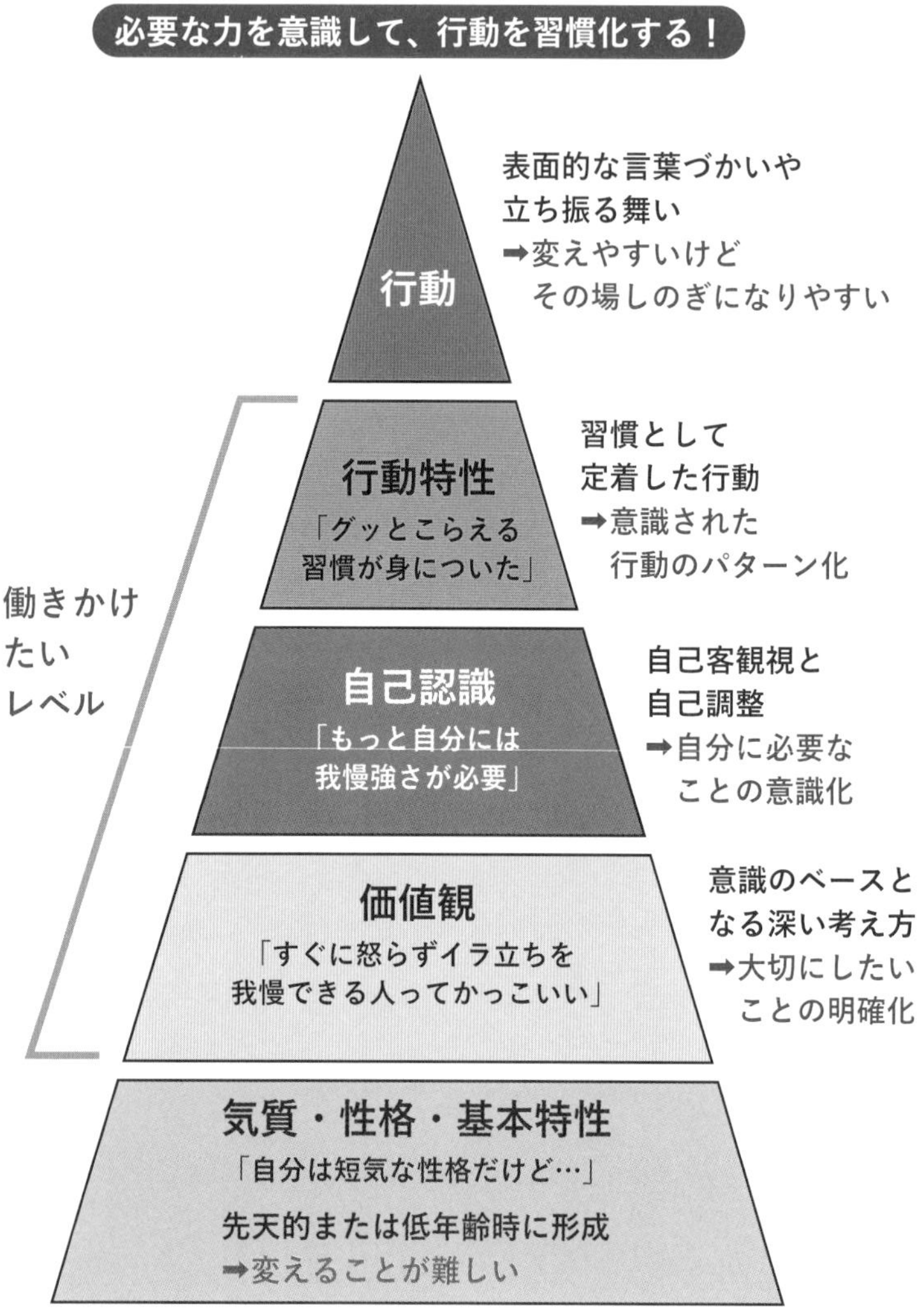
必要な力を意識して、行動を習慣化する！
行動
表面的な言葉づかいや
立ち振る舞い
➡変えやすいけど
その場しのぎになりやすい
行動特性
「グッとこらえる
習慣が身についた」
習慣として
定着した行動
➡意識された
行動のパターン化
自己認識
「もっと自分には
我慢強さが必要」
自己客観視と
自己調整
➡自分に必要な
ことの意識化
価値観
「すぐに怒らずイラ立ちを
我慢できる人ってかっこいい」
意識のベースと
なる深い考え方
➡大切にしたい
ことの明確化
働きかけ
たい
レベル
気質・性格・基本特性
「自分は短気な性格だけど…」
先天的または低年齢時に形成
➡変えることが難しい

そのため、まじめにコツコツ取り組むのが得意な気質を持った人が、粘り強く取り組むための忍耐力を伸ばそうとすれば、それは気質との親和性も高いため、非常に伸ばしやすいということになりますよね。

逆に、先ほどの短気な人がそれを改善しようとして忍耐力を伸ばそうと思えば、親和性が低いため、大変になってしまうわけです。

それでは、わが子に必要だと思われる非認知能力を伸ばす手助けはどうすればできるのかというと、先ほどのピラミッドの下から2番目以上をご覧ください。

「価値観→自己認識→行動特性→行動」となっていますよね。

ピラミッドの頂点にあるのは行動になりますが、この行動は「最もはっきり見えている、その時々の表面的な行動（言葉づかいや立ち振る舞い）」を指します。

この一つひとつの行動を、親がわが子に逐一《ちくいち》指示して動かすということは、自立とは真逆の発想になりますので、ここはあくまでも子どもに委ねていきましょう。

私たち大人（親）が、子どもたちへ働きかけていくところは、ピラミッドの底辺と頂点との間にある「価値観、自己認識、行動特性」だと理解しておいてください。

それでは、価値観から順番に一つひとつ説明していきますね。


まず、価値観とはポリシーとかモットーなどとも呼ばれています。

私はよく講演会や研修会で、「みなさんの座右の銘はなんですか？」という問いかけをしていますが、この座右の銘は、それぞれの方々の価値観を最もわかりやすく表現できると思っています。

ぜひ、みなさんも考えてみてください。


この価値観の最たるものは、人生観でしょうか。私たちが生きていく上で、どのように生きていくのか？　それはつまり私たちが、いまどうするべきか、どの仕事に就こうか、どんな人と結婚しようか……といったさまざまな判断をするときの基準になるものだといってもよいでしょう。

また、こんな人になりたい、こんな決断や行動ができるようになりたい、といった「なりたい自分」のイメージをつくってくれるものでもあります。

価値観とは、私たちの中の深いところにある考え方であり、私たちが「こうありたい、こうなりたい」などと意識するベースになるものです。

私たちも子どもの頃から（大人になっても）、何らかの影響を受けて価値観を持ったり、価値観を変えたりしますよね。それは、子どもたちにも同じように起こっています。

私たちはともすれば、とても具体的な場面で、具体的な行動について注意や指示をすることが多いですよね（ピラミッドの頂点です）。例えば、第2章でもあったように、「〇〇しなさい」「××してはいけません」といった具体的な注意や指示です。

これは、結局のところ一つひとつの表面的な行動にしか働きかけていないんですよね。だから余計にやかましく聞こえてしまうし、みなさんがいないところではまったく別なことをしてしまう恐れさえあります。

だからこそ、私たちはわが子の意識や行動のベースとなる価値観に、まずは働きかけていきたいものです。

ただ、そのときには、私たち自身が価値観（どんな生き方をしたいのかなど）をはっきりさせておくことが必要ですし、ときには、お子さんへどんなことを大切にしているのか（大切にしたいのか）をたずねてみるのもアリかもしれません。

でも、この価値観については、あんまり説教臭くならないでください。

一緒にテレビを見ながら、「〇〇さんってすごいよね！　だって……」といったちょっとしたやりとりを通して、伝えていくぐらいでＯＫだと思います。

次に、自己認識ですが、これは簡単に言えば、自分のことを客観的に見たうえで、自分の意識や行動を調整できることです。

この自己認識がはっきりとでき始める時期は、一般的に9歳から10歳にかけてとなりますので、小学生の中学年以降です。

そのため、小学生の時期には、こちらから見えているその子の行動について、「ほかの人たちからはこのように映っているんだよ」ということを教えてあげられれば良いと思います。

そうすれば、自分にとっていま何ができていて、何ができていないのかもわかるでしょうし、その上でどうしなければいけないのかもわかりますので、自分の意識や行動につなげていくことができます。

この自己認識の段階では、先ほどの価値観なども踏まえて、理想の自分になるためには、自分自身がいまからどんな行動ができるようになればよいのか、そのために何を意識していけばよいのかがわかることが大切です。

私たちは、そのための手助けができたらいいですね。

ちなみに、お子さんが幼児の頃から、「今日はどんなことがあったの？」のようにたずねて、そこから今日あったことについて会話をしていくご家庭もあると思います。

このようなやりとりは、小学生（児童期）以降もおすすめです。詳しいことについては、第5章で紹介します。

価値観を持つこと、自己認識ができるようになっていくこと、そして、そこから行動特性につなげていくこと……。これができれば、その時々の一つひとつの行動は子どもたちに委ねることができます。

ピラミッドの上から2番目にある「行動特性」とは、一言で言ってしまえば「習慣」

です。

習慣とは、私たちの中でいつしか身についた（パターン化された）行動です。

みなさんのお子さんはあいさつができますか？

このあいさつができるというのも、言い換えるならあいさつという行動が習慣になっているということです。

習慣になっているから、誰から言われなくても、自分から当たり前のようにあいさつができる。

こうした行動の習慣を身につけていくと、できなかったことが当たり前のようにできるようになるわけです。

それが、あの人はコミュニケーション力が高いとか、あの人は意欲的な人だといった周囲からの評価へとつながっていくのです。

このような「よい習慣」をわが子が身につけられるように、ほめたり、感謝を通じて働きかけをしていきましょう。

大人の方がよい習慣を率先してやってみせるのもいいですね。

あいさつがよくできる保護者のお子さんは、やっぱりあいさつがよくできます。それは遺伝というよりも、やはりその保護者の方がいつも目の前でお手本を見せているから習慣になりやすいのです。

逆に、自分はろくにあいさつしないのに、わが子にはなぜか「あいさつしなさい」と言っている方は、まずご自身の行動を修正することをおすすめします。

また、よい習慣ならよいのですが、悪い習慣については、注意などを通して二度とやらないようにストップをかけることも忘れてはいけません。

ほめてのばすことだけできればよいのですが、必ずしもそうはいかないものです。

第Ⅰ部の「やってはいけない子育て」を前提として、「ダメなことはダメ」ということも毅然《きぜん》と伝えていただき、よい習慣は伸ばし、悪い習慣はこれ以上習慣にならないようにしてあげてくださいね。

一例ですが、短気な人（気質・性格）が、すぐに怒るのではなくイラ立ちを我慢できる人になりたいと意識し始めた（価値観）とします。

そして、自分には忍耐力が必要で、イラっときてもグッとこらえるという行動をはっきり意識するようになりました（自己認識）。

それからというもの、イラっときてもグッとこらえ、ムカッときてもグッとこらえることを意識する日々が続き、気づけばあれだけ意識していたのにまるで息をするように当たり前にグッとこらえられるようになってきました（行動特性）。

そうこうしていると、周囲の人たちからも「なんか最近アイツまるくなってきたよなぁ〜」と評価されるようになってきたとしたら、これはつまり「忍耐力という非認知能力が伸びてきた！」ということですよね。

非認知能力は、価値観と自己認識によって、自分が何を意識すればよいのかをはっきりさせて、それを行動に移して習慣（行動特性）にしていくことで「伸ばせる」わけです。

私たち大人は、その手助けをすればよいのですから、意識のベースとなる価値観を持てる手助け、自分のことを客観的に見て意識できる手助け、意識してやってみた行動が習慣になるまで定着できるような手助け……こうした手助けをいかにできるかが問われています。

ただし、気を付けてくださいね。

私たちは子どもたちへ押し付けてはいけません。

すでに第Ⅰ部の「やってはいけない」子育てをご覧の方はよくお分かりだと思い

ます。

非認知能力は先ほどのような流れで自ら伸ばしていくものなので、こちらから「もっとがまんしなさい」「やる気出せよ！」「みんなと協力しなきゃダメでしょ」などと言ったとしても、それが押し付けになってしまっていれば、伸ばしたことにはなりません。

大切なのは、「もっとがまんできるようにならなきゃな」「やる気出していこう」「みんなと協力できるようになりたい」という意識が、子ども自身の中に芽生えることです。

そこから始められるように、私たちは押し付けではなく、意識づけをしていく必要があります。

特に、大人からの見取りとフィードバック、いろんな活動による経験という二つが挙げられるのですが、この点については第5章で詳しく紹介していきますね。

さあ、みなさん！　いよいよ次は最後の章になります。

「やってはいけない」子育てから「やってみたい」子育てへ！

第3章と第4章で児童期の発達段階や非認知能力について学ばれたみなさんですので、きっと理解が深まった状態でお読みいただけると思います。

第Ⅲ部

「やってはいけない」から
「やってみたい」子育てへ

CHAPTER 05

こんな子育てを
やってみたい！

「やってみたい」子育てとして

さて、改めまして、次の図は本書の冒頭にご覧いただいたものですが、この図の通り、第I部では「権利」という視点で「やってはいけない」子育てについて説明しました。

「最もやってはいけない」児童虐待のレベルではないものの、案外やってしまっているかもしれない「やってはいけない」ことについて、チェックリストや具体例も交えて説明をしてきました。

これをやっていなければ、基本的にあとはお子さんが自ら育つことに委ねてしまってもよいのかもしれないですね。

さらに、たくさんのお金をかけてスペシャルな「プラスα」の子育てをやらなければいけないという幻想から、ご自身を解放してあげていただければうれしいです。

第Ⅱ部では、児童期（学童期）の発達段階の特徴について説明しました。

さらに、学力テストなどでは点数化できない内面的な力として注目を集めている非認知能力についても、その重要性やどのように伸ばしていけばよいのかについても説明してきました。

少し理論的なお話にはなってしまいましたが、この内容を理解していただくことで、「やってはいけない」子育てが、どうして「やってはいけない」のか、さらに理解を深めていただけたのではないでしょうか。

第4章でもお話ししましたが、子どもが非認知能力を伸ばすことを妨げる子育てこそが、子どもの権利をないがしろにしている子育てなんですよね。

この第5章では、本書の最後の章として「やってはいけない」という否定から入る子育てではなく、「やってみたい」という肯定から入る子育てについてみなさんに提案できればと思います。

先ほどの非認知能力を伸ばすということについて言うならば、子どもの非認知能力を伸ばすことを妨げる「やってはいけない」子育てではなく、子どもに必要な非認知能力を伸ばしていくための「やってみたい」子育てについての提案です。

ただし、たくさんのお金をかけたとってもスペシャルな「プラスα」の子育てでは決してありませんのでご安心ください。

みなさんが日常的にやっていける子育てであり、「やってはいけない」子育てともあわせやすい内容ですので、実際に挑戦していただけたらうれしいです。

子どもの「見取り」ができる子育て

第4章で、子どもが自ら非認知能力を伸ばすためには、大人が子どもに何らかの意識を押し付けるのではなく、子ども自身の中に、自発的に意識が生まれる必要があると説明しました。

そのために大人ができることの1つとして、押し付けではなく「意識づけ」があると紹介したのですが、この点についてまず詳しく説明しておきたいと思います。

私たちが子どもの頃も、大人からほめられたり、注意されたりしましたよね。

私なんかは、どちらかと言えば注意されることの方が多かったように思います。

そして、いまもみなさん、お子さんをほめたり注意したりしていますよね？

みなさんは、このほめることや注意することをなんのためにやっていますか？

実はこれらは、みなさんとお子さんとが価値を共有するためにやっていることなんです。

お子さんがみなさんと価値を共有することができれば、お子さんは「今度も〇〇していこう」とか「今度からは××しないようにしよう」という意識を持てるようになります。

このことができれば、私たちから子どもたちへの意識づけができたことになるといってもよいでしょう。

第4章でも説明しましたが、非認知能力を伸ばすということは、多くの場合、その子が身につけた（習慣化した）行動によってなされます。

そのため、あいさつなどのよい習慣はそのまま身につけられるようにほめて伸ばしますが、ポイ捨てなどの二度とやってほしくない悪い行動については注意してなおします。

このほめることと注意することは、私たちにとって最も代表的な意識づけではないでしょうか。

ちなみに、ほめて伸ばすほうが意識づけとしては効果的だとよく言われます。それはすでに理想の状態に近づいていくような行動ができているため、同じ方向に努力していけばよいからです。

私たち大人でもこちらのほうが意識を持ちやすいです。注意してなおすとなると、これは大変です。なぜなら、努力の方向そのものを変えなければならないからです。

ですから、ほめて伸ばす方が意識づけとしてはしやすいのですが、実際の子育てでそうできていれば、そんなありがたいことはないですよね……。

本書では「子どもはほめてのばしましょう」ということだけをみなさんに提案するのではありません。

それよりも、「最もやってはいけない」はもちろんのこと、「やってはいけない」子育てになってさえいなければ、子どもを注意してなおそうとするのも必要なことだと考えています。


逆に、注意すべきところで注意せずに悪い習慣を容認してしまう方が大問題です。

ただし、ほめることも注意することもあくまでも価値の共有なので、みなさんと子どもが価値を共有できるかどうかこそが一番重要なのだということを知っておいてください。


第2章にもありましたが、みなさんの注意するという行為が、感情表現ではなく単に感情のさらけ出しになってしまっている場合、お子さんとの価値の共有は難しくなってしまうでしょう。

それは、価値を共有したいとお子さんが思ってくれないからです。

この点については、次の節で詳しく説明しますね。

ということで、ほめるも注意するも大切な意識づけなのですが、いずれの場合にも共通して必要なのは、ほめるポイントと注意するポイントを見つけることです。

「がんばったね〜！」という声かけ1つとっても、いつ、どこで、何をがんばったのかがわからない場合は、仮にほめられていても意識づけにはつながりにくいわけです。

注意されているときも、単に大きな声で叱責《しっせき》を受けて怖かったという記憶だけ残っていて、実際には何について注意されたのかがわからない場合もあり得ます。

そこで、「ほめポイント」と「注意ポイント」は必ず見つけてください。

この見つけるというところから始める子どもとのかかわりを、専門用語では「見取り」と呼んでいます。

それでは、みなさんがお子さんを見取ることができるようになるための3つのポイントを紹介しておきますね！

ポイント① 見つけるためのレンズを持ちましょう！

あんなにたくさんの子どもたちがいるのに、子どもの見取りがうまいなぁと感心してしまう職業といえば、やっぱり幼保こども園の先生や、小学校、学童保育所（放課後児童クラブ）の先生ですね。

もちろん、個人差もありますので、一概には言えないところですが、見取りが上手な先生はみんなが気づかないことにも気づくんですよね。

そして、そういう方々に共通しているのが、見えにくいものを見つけやすくするためのレンズ（めがね）を持っていることなんです。

なので、みなさんにもそんな〝使えるレンズ〟をご紹介しておきましょう。

第４章で非認知能力の３つのグループを紹介したことを覚えていますか？

あの「自分と向き合う力」「自分を高める力」「他者とつながる力」という３つを

レンズにして子どもを見るのです。

例えば、お子さんが何かに取り組んでいるとします。

勉強でも、習い事でも、遊びでも、なんでもいいですよ。

特に、結果ではなく「やっている最中」がいいです。

結果は見えやすいしわかりやすいのですが、「できたか、できなかったか」しかわかりません。

そのため、子どもに意識づけしようにも結果に対してしか意識づけできないんです。

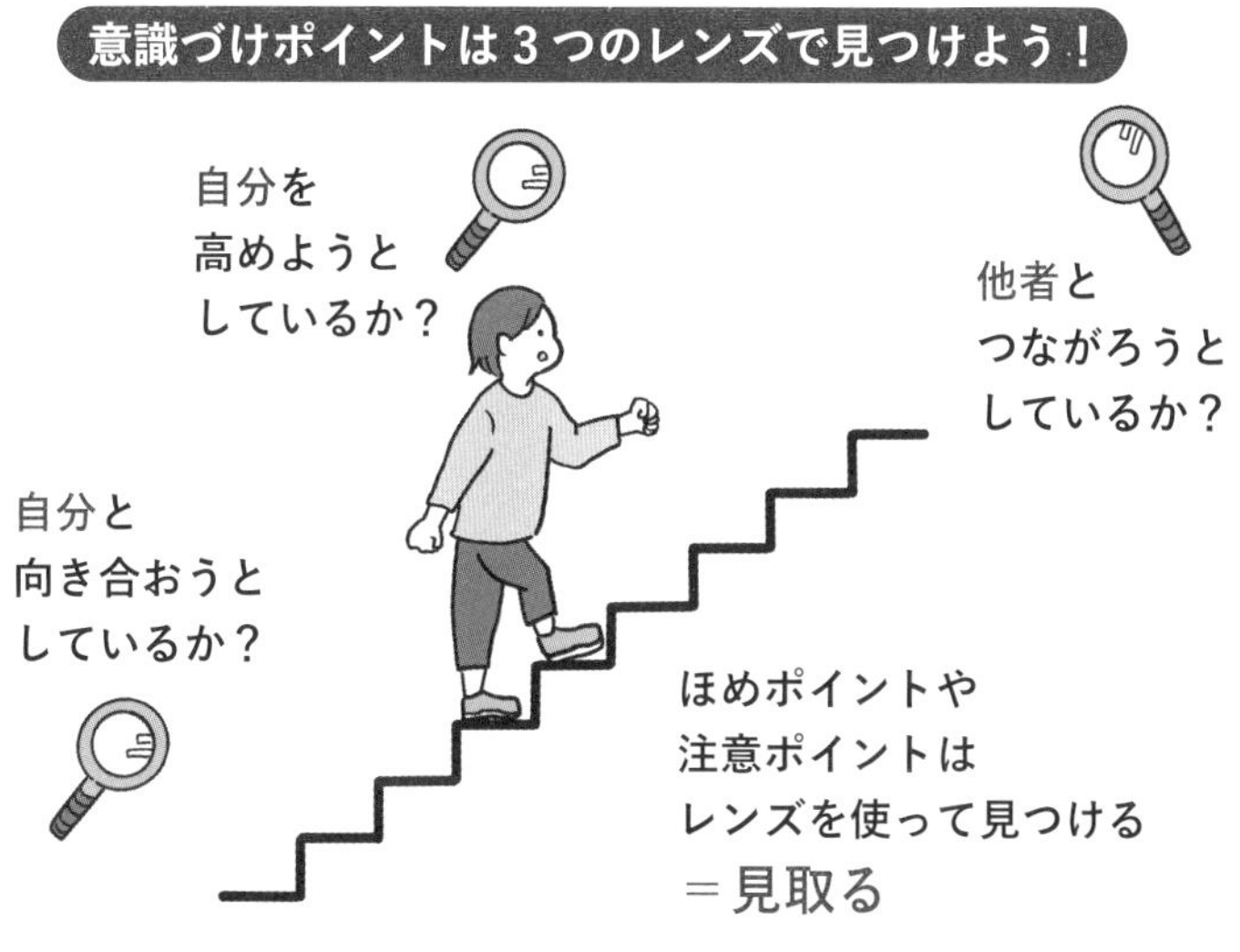
意識づけポイントは３つのレンズで見つけよう！
自分を
高めようと
しているか？
他者と
つながろうと
しているか？
自分と
向き合おうと
しているか？
ほめポイントや
注意ポイントは
レンズを使って見つける
＝見取る

その点で、何かをやっている真っ最中（つまり、プロセス）はいろんなことがありますから、意識づけしたいことも実はたくさんあります。

ただ、たくさんありすぎると、見えにくくなってしまいます。

そこで役に立つのがレンズです！

みなさんがお子さんを見ているときに、「この子、いま粘り強くやれているかな？」と思いながら見てみてください。

すると、我慢できていたり、あきらめていなかったりしている姿を見つけやすくなります。これ、「自分と向き合う力レンズ」を持てていますよね。

ほかにも、「やる気になっているか？（自分を高める力レンズ）」とか「友達と協力できているか？（他者とつながる力レンズ）」と思いながら見てみてください。

一度に3つのレンズを同時に持たなくても大丈夫です。

特に気になっているレンズを1つだけ選んでいただくのもアリです。

また、見つけたことがどの力に当てはまるのかを考えるというやり方もおすすめしています。

このように、みなさんがどんなまなざしでお子さんを見ていて、どんなお子さんの姿を見つけようとしているのかをはっきりと意識してお子さんを見取ってみてくださいね。

ポイント② 当たり前を有難いに変えましょう！

見つけにくいものを見つけやすくするためのレンズを持つということも大切ですが、そもそも自分で見つけにくくしてしまっているというケースもありますので注意してください。

つまり、レンズ（めがね）がくもっている状態です。

これは、子どもがやっていることについて「当たり前」だと思ってしまうことで起こりやすくなってしまいます。

例えば、「行ってきます！」と学校へ向かうお子さんを、みなさんは当たり前だと思っていませんか？

でも、これって全然当たり前ではないですよね。

私自身、わが子が学校へ出発するときに、「この『行ってきます』を当たり前にするなよ！」と、いつも自分に言い聞かせています。

先ほどの意識から行動特性へという話と同じで、こうやって自分に言い聞かせることで、少なくともその場面で

プロセスから見取るポイント例

1歳
意識づけのポイント
最近いろんなものに興味を持つようになったなぁ。
自分を高める力
5歳
意識づけのポイント
ハサミを持ち手のほうを向けて返してくれたなぁ。
他者とつながる力
小学4年
この日は…
意識づけのポイント
人が話し終わるのを待てるようになったなぁ。
自分と向き合う力
他者とつながる力
中学2年
意識づけのポイント
部活がきつくても頑張れるようになったなぁ。
自分を高める力
他者とつながる力

は当たり前にせずに済んでいます。

このイラストにあるような一つひとつの姿が、当たり前にしてしまいそうなことです。

私たち自身が、当たり前にせずに有難い（めったにない）と感じられる状態にさえしておけば、「いつの間にかこんなことができるようになっている！」ということも、「いつもこんなことができている！」ということも見つけやすくなるでしょう。レンズ（めがね）のくもりが取れて、とってもクリアな状態でお子さんを見られるのではないでしょうか。

しかし、親子関係は特に心理的な距離感が近いうえに、一緒にいる時間が長いため、最も当たり前になりやすい関係性です。

ちょうど、健康な状態が続けば、健康であることが当たり前になるのと似たような感覚ですよね。

風邪をひいたときに改めて健康のありがたさがわかるように、私たちは当たり前だと思っていたことが失われたときに、はじめてその大切さに気づくことが多々あります。

しかし、残念ながら、失ってから気づいたのでは遅いということも現実には起こりえます。

そんなことが起こらないよう、日々想像力を働かせながら当たり前を有難いに変えていきたいものです。

ポイント③　とらえ方を疑ってみましょう！

私たちが子どもの何かに気づくときというのは、必ずしもよいことばかりではありません。先ほどお伝えした「注意してなおす」かかわりです。

ポイ捨てや暴言・暴力などのように、明らかに習慣にしてはいけないことを、「やめてほしい」と注意するわけです。

しかし、なんらかの理由があるときであったり、こちらが一方的に「悪い習慣」と決めつけてしまっていたりするときや、注意することかどうかわからないときだってありますよね。

例えば、学校で複数の子どもたちがいざこざを起こしてしまい、わが子がその一員だったとします。

学校からそのことについて報告を受けた私が、理由も聞かずにわが子を叱ってしまったとしましょう。

そしてそのあとで、実はわが子はそのいざこざを止めようとしていたことがわかったとしたら……もう平謝りしかありませんよね。

学校であったこととはいえ、理由を確かめずに「それは悪いこと」というとらえ方（決めつけ）をしているとしたら、そんな自分を疑ったほうがよいでしょう。

もし疑っていれば、きっとわが子から丁寧に理由を聞くこともできたのではないでしょうか。

また、前思春期に入ったわが子の反抗的な言動なども、理由を聞くことはできないかもしれませんが、発達段階上のこととしてわかっていれば、私たちのわが子へのかかわり方も変わります。

「反抗的な言動＝悪い習慣」としてとらえる（決めつける）のではなく、そうならざるを得なかった理由や原因を改めて考えてみるほうがよいでしょう。

中学年（小学3・4年）の頃になって、自分の意見をはっきり言い始めたり、私たちに「それっておかしいよ」「なんでそんなことしないといけないの」などという言葉を返してきたときに、「そんな生意気言うな！」と返すのは、「やってはいけない」子育てでしたよね。

一方、そんな対応はしないものの、頭の中では「最近、うちの子、生意気になってきたなぁ」と否定的にとらえていたらどうでしょう？

ここもぜひ疑ってみましょう！

生意気なのではなく、科学的・論理的に物事を考えられるようになってきたということではないでしょうか。

こういうことは学校でも起こりがちです。とらえ方を変えると、問題行動ではなく、その子の成長としてとらえることもできてしまうわけです。

こうした、マイナスにとらえていたことをプラスにとらえなおす最たる方法を「リフレーミング」と言います。

フレームをひっくり返すという意味です。

例えば、次のイラストのように水が入ったコップがあります。

これをみなさんはどのようにとらえるのか……という有名な心理テストです。

「半分も水が入っている」「半分しか水が入っていない」のどちらを答えるかによって、その人のとらえ方のクセがわかるというものですが、私が面白いなと思うのは、きっと私たちはのどが渇いていれば「半分しか水が入っていない」となりがちで、のどが潤っていれば「半分も水が入っている」となりがちだということです。

つまり、単にとらえ方のクセだけでなく、私たちのそのときの状態によって、とらえ方が変わってしまうことも考えられるわけです。

これを親子関係に置き換えてみると、わが子に対して不満と要求が強いときは「○○しかできていない」となり、満足と受容が強いときは「○○もできている」となるということですよね。

先ほどの通り、親子関係においてはどうしても不満と要求が強くなりがちです。

もし、そうなっているとすれば、まず何よりもその状態に気づいてください。

その上で、「いつも」とは言いませんので、10回に1回ぐらいでも、とらえ方をひっくり返してみましょう。さきほどのリフレーミングですね。

マイナスフレーム		プラスフレーム
引っ込み思案	⇕	よく考えている
融通が利かない	⇕	意志が強い
感情的になりやすい	⇕	自分の気持ちに素直
落ち着きがない	⇕	行動力がある
人まかせにする	⇕	あまえじょうず

いかがでしょう？　言葉をひっくり返すとこんな感じです。

第4章で紹介した非認知能力にもプラスの面とマイナスの面があるというのと同じ考え方ですね。

このリフレーミングを、まずは知識として知っておくことも大切です。

そして、何よりもみなさんの精神状態ですよね。

みなさんご自身が疲れていたり、イライラしていたりすると、おのずとマイナスフレームになってしまいやすいでしょう。


ただ、気持ちの状態を整えるということそのものが難しい場合もありますので、1つ対処法をお伝えしておきます。

それは、第2章でも紹介したトリガー（引き金）をつくるということです。


どうしても最初にマイナスフレームでとらえがちだとすれば、そのあとに「××××だけど、『いいじゃん！』」とか「オッケー！」とか「アリだね！」とか、お好きなポジティブワードを付けてみてください。

例えば、「うちの子って、本当に落ち着きないわね！ ……でも、いいじゃん！

それって、行動力があるってことだもんね！」とつなげていく感じです。

最初からプラスフレームの言葉が出なかったとしても、マイナスフレームの言葉をいったん受け入れて、そのあとで「これをプラスフレームでとらえるとどういう言葉になるだろうか……」と考えてみるのです。

こんなふうに、マイナスのとらえ方をプラスのとらえ方にひっくり返してみてください。

このような3つのポイントを意識して、お子さんの見取りをやってみましょう。

特に、ここでは見取りとして必要な「見つける」と「とらえる」について重点的に提案しました。

みなさんのお子さんに対する見取りによい影響があったらうれしいです！

「価値の共有」ができる子育て

先ほどの「見取り」のところで少し触れましたが、子どもをほめたり注意したりすることで、「価値の共有」ができれば、それが「意識づけ」になるということでしたね。

そのためにも、まずは子どもが何かに取り組んでいるときに、ほめポイントや注意ポイントを私たちが見取ることが必要不可欠であるため、そのコツを前の節でしっかりと説明してきました。

しかし、いくら見取ることができたとしても、その見取った内容を子どもへフィードバックする（返す）ことができなければ、その価値を共有することはできません。見取りとフィードバックは、セットにしていただきたいのです。

それでは、ここからはおすすめのフィードバックを提案していきます。

もちろん、子どもにわかりやすいフィードバックであればあるほどよいのですが、そのわかりやすさについてもいろいろとあります。

例えば、声の抑揚《よくよう》やテンポなどを考えて、より伝わりやすいよう、話し方を工夫される方もいらっしゃるでしょう。

また、話の長さも大切かもしれません。

基本的には、一文を短くして端的に話すほうが伝わりやすいですよね。

一文が長くなると、受け取る側の子どものほうも何を言われているのかわからなくなりますし、伝える側のこちらも何を伝えたかったのかわからなくなってしまいますので、気を付けてください。

ただ、話し方に工夫を凝らすことはたしかに大切ではあるのですが、これはどちらかというと教師や保育士といった「先生」と呼ばれるようなプロの方がされることで、一般的な保護者の方には特におすすめはいたしません。

それよりも、もっとシンプルに「フィードバックするタイミング」に注意を向けていただければと思います。

このフィードバックのタイミングには、大きく次の2つがあります。

①いま・ここのタイミング

つまり、すぐにフィードバックしようということですよね。

目の前で、わが子が「よい習慣」として続けてほしいことをやっていたとします。

そこで、すぐさま「それいいね！」と伝えたらよいわけです。

これなら、「がんばってるね！」も大丈夫ですよね。

なぜなら、「いまやっているこの行動が『がんばってるね』と言われているんだ」と伝わるからです。

終わったあとで「がんばったなぁ」と言われても、いつ、どこで、何をやったことかがわかりにくいのですが、いま、ここでフィードバックしてもらえたらわかりやすく伝わります。

そして、「いま・ここのタイミング」でのフィードバックは、見取ってフィードバックする私たちからしてもやりやすいという利点があります。

私たちもやりやすくて、相手にも伝わりやすい……このタイミングを重視したフィードバックは非常におすすめです。

もちろん、ほめることだけではなく、注意するときも同じですね。

「それはやめてほしい！」ということを、その場ですぐに伝えられれば、「あっ、いまやっているこの行動は、もうやらないほうがいいんだ」とわかりやすく伝えられるでしょう。

なお、すぐにストップをかけたあとで、どうしてやめてほしかったのかという理由を添えてみたり、注意したらあと腐れなくすぐに通常モードへ切り替えたりしてあげられると、難しい意識づけであっても、相手に受け取ってもらいやすくなるでしょう。

②あとでナイスなタイミング

先ほど、終わったあとで「がんばったなぁ」と言われても、いつ、何をがんばったのかが伝わりにくいという話をしましたが、なぜ伝わりにくいのかというと、過去のことを漠然と言われているからです。

「いま・ここのタイミング」は、その場ですぐにフィードバックするから、特に詳しい説明をしなくても、「いいね」「やったね」「グッジョブ」「ナイス」「ありがとう」などの単語レベルで伝わるのですが、過去のことをフィードバックするときにはそうはいかないということですね。

しかし、この、「過去のことをフィードバックする」というのが、意外に子どもに刺さりやすい場合もあります。

前思春期から思春期には、子どもの状態がかなり変わってくるため、親子関係そのものも変わってしまう場合があります。

もしかすると、みなさんが一生懸命わが子のことを見取って、「いま・ここのタイミング」で何度も何度も頻繁にフィードバックしていると、そのことをうっとうしいと思われてしまうかもしれません。

せっかくほめているのに、そのほめることさえもうっとうしく感じさせてしまう……。また、ほめすぎることが逆にうさん臭さを感じさせてしまうこともあり得ます。

第3章で説明した通り、児童期の発達段階を見ても、低学年（1・2年生＝7・8歳）の時期であれば、大人からほめられたり注意されたりすることをとても素直に受け入れられるし、大人から「ほめられたい／注意されたくない」という意識を、一般的には強く持ちやすいものです。

一方、中学年（3・4年生＝9・10歳）や高学年（5・6年生＝11・12歳）以降の前思春期になってくると、大人からよりも同級生の友達をはじめとした子ども同士で認め合ったり、たたえ合ったりすることのほうに重きが置かれていくようになります。

そんな時期だからこそ、こちらがやたらと見取ってフィードバックするということへの反応にも変化があらわれてくるわけです。

そこで、過去のことについて「あとでナイスなタイミング」でフィードバックすることをおすすめしています。

すでに30歳を超えた、ある青年の話です。

立派な社会人として活躍している彼は、大学受験のときのことが忘れられない、あのときお母さんから言われたことが、いまでもしんどくなったときの心の支えになっていると言います。

それはセンター入試まで1か月を切ったクリスマスの日……。彼は数学の勉強をしていたのですが、わからない問題にぶち当たってしまいました。

センター入試当日まで1か月もないというプレッシャーも重なり、彼は勉強していた数学のプリントをばらまいて、「もう知らん！　もう受験なんていいっ！」とキレてしまいました。

しかし、しばらくして気持ちを切り替えることができた彼は、ばらまいたプリントを拾って、勉強を再開します。

その一部始終を、どうなることかと気にしていた彼のお母さんは、このときには一切何も言いませんでした。

そしてその後、彼は無事に志望大学へ合格！

合格のしらせを聞いたお母さんは、もちろんその結果にも喜んでくれたのですが、ここでお母さんはこんなことを彼に話したそうです。

「お母さんはね、あなたが大学に合格してうれしいんだけど、実はもっとうれしかったことがあったんだよ」

彼は、お母さんの言葉を聞いて「合格よりうれしかったこと？　何それ？」と思いました。

するとお母さんは、

「クリスマスの日のことを覚えてる？　あなたは数学の問題がわからなくてキレちゃって、プリントをばらまいていたでしょう？

お母さん、あなたがあのあとどうするのかなって思ってたら、あなたはそこであきらめなかったよね。プリントを集めて、またもう一度勉強を始めたよね。

あのときのあなたのあきらめなかった姿がね、お母さんは一番うれしかったんだよ！」

と話してくれたのです。

以降、彼はしんどいことや投げ出したいと思うことがあると、いつもお母さんのこの言葉を思い出すんだと教えてくれました。

さて、このお母さんのフィードバックはどうしてこれほどまでに彼に刺さったのでしょうか？

まずは何よりもお母さんの見取りですよね。

受験勉強に取り組んでいるときって、模試の点数や順位がどうかとか、長時間勉強しているかどうかなどを気にしがちですが、あきらめなかったかどうかといった非認知能力にかかわる姿を見つけられていることが素晴らしいです。

次に、フィードバックするタイミングです。

彼が気持ちを切り替えられた直後に「あなたよく気持ちを切り替えたわねぇ！」

とすぐにフィードバックしていても、ここまで彼に刺さることはなかったでしょう。

それどころか、ようやく気持ちを切り替えたそのときに、いきなりそんなフィードバックが入ってしまうと、うっとうしさを感じさせてしまう危険性さえあります。

お母さんが、ここではそっと見守っておくという判断をされたこともよかったですし、合格を聞いたあとに伝えたというのがナイスタイミング過ぎます。


彼に、「合格以上にうれしかった」と言ってあげたことで、合格という結果以上に、あきらめなかったというプロセスに重きを置いていることを、お母さんは彼に伝えています。

これは、まさにお母さんの価値観そのものとして受け取ることができそうです。


そして、過去のことについてフィードバックするときには、その内容（エピソード）をできるだけ具体的にするということが大切です。

お母さんは、去年のクリスマスというところから始まって、あのときの出来事を鮮明に語ってくれています。

このとき、お母さんが仮に「あなた、受験勉強がんばったわね！　えらいよ！」といったフィードバックをしていたら、残念ながらこれほどまでに彼に刺さることはなかったでしょう。

実際にお母さんの話を聞いた彼は、「あのときのあんなことまで気づいてくれたのか！」という思いが込み上げてきたそうです。

このように、見取ったことをあとでフィードバックする際には、フィード

レンズを持てばフィードバックもできる

レンズで見つけた意識づけポイントをフィードバック

↓

それは価値のあることだと共有する（価値の共有）

↓

自らその価値を伸ばしたいと思う（意識づけ）

バックが刺さりやすい「ナイスなタイミング」を見つけて、具体的に話してあげられるといいですね。

このフィードバックは、日常的に、頻繁に行う必要はありません。

何かこれだと思う出来事があったときに、「今度○○○○なときに伝えられるようにしよう」と、フィードバックするタイミングを想定しておくくらいがよいかもしれません。

子どものことについて見取った内容をフィードバックするためには、ぜひタイミングを意識してみてくださいね。

それだけで、伝わりやすさがかなり変わってきます。

いま思えば、私たちも子どもの頃に親や学校の先生をはじめ、出会った大人の方々と価値の共有をしてきたわけです。

ただ、思い出してみると、「共有したい人」と「共有したくない人」がいませんでしたか？

もちろん、個人差はあると思いますが、みなさんにとってどんな大人が価値を共有したい人で、どんな大人が共有したくない人でしたか？

これは、第I部の「やってはいけない」子育てとも大いにつながりがありますし、第II部の非認知能力は子ども自身の意識によって伸ばせる力であるという考え方ともつながっています。

そうであるならば、価値を共有するためには、子どもが私たちと価値を共有したいと思っているかどうかがとても重要なポイントになります。

ぜひ、みなさんが子どもだった頃のことも思い起こしてみてください。

そして、知らず知らずの間に自分が「価値を共有したくない人」になっていないかも確認しておいてくださいね。

辻褄の合っていない大人の言うことは信用できないため、価値を共有したいとは思われないかもしれません。

また、やたらと高圧的なフィードバックだと、強要しようとしている魂胆が見えていますのでよくありませんね。

逆に、なんでもかんでもフィードバックしまくるのも、何を共有したいのかがわかりづらくなってしまいそうです。

基本的な親子の信頼関係を前提とした上で、これまで提案してきたように、当たり前だと思わないことやリフレーミング、見取りとフィードバックをしていくことで、価値の共有ができやすい関係を築いていくことができるでしょう。

みなさんも「やってみたい」子育てとして、ぜひチャレンジしてみてください!

体験を経験に変える子育て

ここでは、子どもを直接ほめたり注意したりするのではなく、なんらかの体験を通して、子どもが自分で非認知能力を意識することができるようになるための提案をしていきたいと思います。

体験といえば、みなさんはどんなことをイメージされるでしょうか？

特に放課後の時間帯ならば、野外での自然体験やスポーツ、遊園地などでのアトラクションによる体験もありますね。

日常的に通っている塾や習い事、放課後の学童保育所（放課後児童クラブ）や放課後子供教室、子ども会やスポーツ少年団での体験もあります。

このような体験が、子どもたちにたくさんあればあるほどいいですよね……という話ではないんです。

少し意外に思われてしまったかもしれませんが、わが子にいろんな体験をさせてあげたいという親の思いもたしかにわかります。

ですが、別に寸暇《すんか》を惜《お》しんで、子どもたちの時間を体験で埋め尽くす必要もありません。

子どもにとっては、大人から見て特に何もしていないように見える「ぼーっとする時間」だって重要です。

そんな時間を無駄だと決めつけて、合意なしで子どもからその時間を一方的に奪ってしまうことも「やってはいけない」子育てになります。

もちろん、余暇の時間も尊重しながら、子どもが自らやってみたいと表明した体験へ参加できるようにしていくことも大切です。

そして、まだ見ぬ体験の場を私たちから提案するということも、子どもとの合意づくりさえできていれば、それもアリですね。

小学生になると、それまで（幼児期の間まで）はなかった「放課後」が誕生します。この放課後とは、学校という課業から解き放たれた自由な時間のことを意味しているため、学校が始まる小学生になるからこそ誕生するわけです。

この放課後の時間に、日が暮れるまで遊びこんでいた子ども時代を過ごしてきた方々もいらっしゃると思いますが、もうずいぶん前から子どもたちが遊びこむ場所（空間）も時間も仲間もいない、いわゆる「三間」がなくなったといわれるようになってしまいました。

交通事故や不審者被害によって、公園などで手放しに遊べるような時代ではなくなってしまったこともあり、ますます子どもの体験の場がクローズアップされるようになっています。

このような時代だからこそ、親子ともに無理のない範囲で、体験の幅を広げていただくことは必要なのかもしれません。

ただ、私がここで一番お伝えしたいのは、子どもがやみくもに体験することが大切なのではなく、その体験が「経験」となっていくことこそが大切だということなんです。

先ほど、「体験の場を広げる」と言いましたが、それ以上に私は、「経験の質を深める」ことをおすすめしたいと思います。

体験と経験、似たような言葉が並んで、一体何が違うのかと戸惑われた方もいらっしゃるでしょう。そこで、まずは体験と経験の違いについて説明しておきます。

体験とは、何かをやったことそのものを指します。

サッカーをやった、魚釣りをした、ピアノを弾いた、計算問題を解いた、2時間ぶっ続けで遊んだ……これらすべてが体験です。

この体験について、私たちが何かに気づかされたり、何か感じることがあったりすれば、それを経験といいます。

つまり、体験を自分の中へ落とし込んだものが経験です。

例えば、魚釣りに行ってよく釣れる時間と場所を見つけた、難しい計算問題を解くことができて自信が持てた、一人で遊ぶよりたくさんの友達と遊ぶほうが楽しいと感じた……となると、これらは体験が経験になったことになります。

体験したことを踏まえて、そこから自分が気づいたことや感じたことにまでたどり着いていますよね。

この、体験から経験へと変わっていくプロセスはとても大切です。

そして、その経験を踏まえて、さらに今後に生かしていきたいことや気を付けたいことなどを明らかにできれば、それを「学び」といいます。

大人であっても子どもであっても、学ぶということは決して何かを暗記するということではありませんし、勉強することだけが学ぶことでもありません。

学ぶことは、人格形成をはじめ、私たちの成長にとってなくてはならないものであり、日常生活のさまざまな場面の中で私たちは学んでいるのです。

ただ、そこに「体験→経験→学び」のプロセス、その中でもとりわけ体験と学びの橋渡しをしている経験がなければ、成長はないと言ってもよいでしょう。

例えば、AさんとBさんが研修を受けて同じ体験をしたとします。

同じ内容のはずなのに、Aさんは以降の仕事で研修内容を生かしているのに、Bさんは研修と仕事とが結びついていない……。

こういうことは私たちの身近でも起こりがちですよね。

もちろん、その理由はやる気のあるなしや得手不得手《えてふえて》など、いろいろと考えられるかもしれませんが、体験のままで止まってしまっているのか、経験や学びに変えられているのか、という違いが生じてしまっていることは否《いな》めないでしょう。

それでは、どうしてこのような差が生まれてしまうのでしょうか？

一人ひとりが持ち合わせているセンスなどを除いたときに、やはりここでも習慣の必要性について取り上げなければなりません。

その習慣とは、体験を経験に変えようとする習慣、つまり体験したことから気づいたことや感じたことを自分の中ではっきりさせていく（内省のための）習慣です。

これは、一言で言うならば「振り返り」の習慣です。

振り返りとは、自分のことを（客観的に）見返してみることを意味していて、最も身近でわかりやすいのは日記ではないでしょうか。

みなさんの中でも、個人的に日記を書かれている方がいらっしゃるかもしれませんね。

日記のように文字にして振り返ることもあれば、頭の中で思い返すという振り返りもありますね。

いずれにしても、振り返ることで私たちは、体験したことから自分の中で起きたことを改めて（客観的に）見返しています。

そして、以降の学びへとつなげようとしているわけです。

この振り返りを子どもたちが習慣にしていくと、実はいろんなよいことが起きるのです。

①自然と振り返りができるようになります！

そんなこと当たり前じゃないか、と思われるかもしれませんが、振り返りを習慣にしている人とそうではない人とでは歴然とした差が生まれます。

ちょうど筋トレをしている人としていない人との差みたいなものですね。

いま、学校でも入試でも、ますます振り返りが重視されるようになってきています。

そのためだけにやることでもないでしょうが、やはり差が出てしまうことは明らかなので、振り返ることには慣れておきたいものです。

②振り返りの質が変わります！

振り返りを習慣にしていく中で、はじめはあったことだけしか振り返れなかったとします。

つまり、体験したことをそのまま振り返っているだけという段階です。

例えば、「今日、サッカーをした」ということになります。

ここから、次の段階へ進むと「今日、サッカーをしてめっちゃ楽しかった」となります。

サッカーをしたときの自分の内側の状態がどうだったのかを振り返れています。

さらに、そこからなぜそのような状態になれたのかを振り返る段階に進みます。

「今日のサッカーがめっちゃ楽しかったのは、途中でミスがなかったからだと思う」といった感じですね。

いつもはミスが起きがちだったのが、この日はなかったことで、いつもよりも楽しかったということに気づきました。

そこからもう一歩、「明日からもサッカーをするときには、できるだけミスをしないように気を付けよう。みんなにも言っておこう」といった振り返りまでできるようになってくるといいですね。

これは、今後の方針を見出せる段階にまで進んだということになります。

このように、振り返りが習慣になっていく中で、

体験したこと
↓自分の内側の状態
↓その内側の状態になった理由
↓今後の方針や改善したいこと

といった段階へと振り返りが進むようになるでしょう。

このことを、振り返りの質を高めていくといいます。

③リアルタイムで振り返りができるようになります！

①、②のように、振り返りを習慣化していくうちに、振り返りの質を高めることができます。

すると、さらによいことが起きます。

リアルタイムで自分の振り返りができるようになるのです。

つまり、リアルタイムで自分を（客観的に）見られるようになることで、自分がいまどういう状態なのかがわかり（モニタリング）、これから必要な行動ができる（コントロール）ようになります。

このことを「メタ認知」という場合もあります。みなさんもきっとこれまでにこのメタ認知を経験されてきたことでしょう。

このメタ認知は、質の高い振り返りの習慣が身についていればいるほど、より一層できるようになると言われています。

そして、メタ認知ができるようになれば、その状況にあった行動ができるようになるだけでなく、自分の感情のコントロールもできるようになります。

これは、第3章の児童期の発達段階で紹介した内言（内的言語）の話ともつながってくるところですね。

ちなみに、この振り返りの習慣をつけるのに役立つのが、『ときデザインノート』（中山芳一監修、日本能率協会マネジメントセンター）というノートです。

このノートは、小学生のお子さんが振り返りの習慣を身につけることと、日々の時間管理、感情のコントロール、目標の達成といった非認知能力の各テーマを伸ばすことを連動させたシリーズになっています。

こうしたノートも活用していただきながら、お子さんが振り返りを習慣にできるようにサポートできるといいですね。

ここでは、みなさんがお子さんへ振り返りのサポートをする際におすすめの方法を２つ提案しておきますね。

おすすめその① 意識のスイッチをオンにしてあげてください！

これは、お子さんがマインドセット（心構え）をつくれるようになる意識づけです。

例えば、

「今日は、がまんスイッチを入れよう」

「明日は、もっとやる気を出していこう」

「もっと友達にやさしくできるように気をつけよう」

というように、自分が特に何を意識していこうかというスイッチを、あらかじめ設定しておくことができるようになります。

こうやってあらかじめ設定しておくと、振り返るときにも「がまんができていたか？」「やる気を出せていたか？」「やさしかっただろうか？」という問いかけを自分にしながら考えられますよね。

この意識のスイッチは、とても振り返りをしやすくしてくれますので、ぜひ活用してみてください。

また、これは私たち自身にも使えることです。

「今日はうちの子に『○○○○スイッチ』でかかわろう」と意識のスイッチをオンにしておけば、設定した意識でかかわることができるようになるでしょうし、振り返りもしやすくなります。

お子さんと一緒に相談しながら、いろんな非認知能力のスイッチをつくって、冷蔵庫あたりに貼って、「今日、私はこれでいくけど、あなたはどれにする？」などと朝のやりとりをしてみるのはいかがですか。

帰宅後には、お互いに設定したものについて振り返ってみるのも面白いですね。

おすすめその②　ときにはクローズドクエスチョンもおすすめですよ！

親「今日、学校どうだった？」
子「べつに、なんにも……」
親「なんにもってことはないでしょっ⁉」
子「だから、なんにもないって〜」

こんなやりとりをされたことはありませんか？
「きょう、学校どうだった？」と問いかけているのは、まさに先ほどの振り返りにもつながる問いかけですよね。

ただ、その問いかけに対して、お子さんからの応答がとってもシブい……。
その子が何かほかのことをやっている最中であれば、問いかけるタイミングを考えた方がよいかもしれません。

ただし、本当にわが子の振り返りを促すことを目的にした問いかけで、タイミングも悪くなかったとすれば、最初の「今日、学校どうだった?」という問いかけを変えてみるのがよいかもしれません。

「どうだった?」という問いかけは、オープンクエスチョン(開かれた問い)といって、なんでも答えられる問いです。

そのために、いろいろと話したい場合にはこのような問いかけがありがたいのですが、答えるのが難しかったり、億劫だったりすると、逆にこの問いかけは嫌がられてしまいます。

だから、オープンではなくクローズドクエスチョン(閉じた問い)の方がいい場合もあるのです。

この問いであれば、イエスかノーといった答えの選択肢が限られているため、答えるほうはとても楽になるでしょう。

例えば、先ほどの問いかけであれば、こんな感じへ変えることができます。

「今日、学校どうだった？」

↓

「今日、学校でいいことあった？」

学校でいいことがあったのであれば、「うん、あったよ」、なかったのであれば「いや、べつになかったよ」となりますよね。

「うん、あったよ」と返ってきたら、話が広がりそうですね。

「いや、べつになかったよ」だったら、あまり話は広がらないかもしれません。

そのときには、「じゃあ、給食は美味しかった？」と別の問いかけを入れてみるといった方法もあります。

このクローズドクエスチョンは使い勝手がいいので、子どもが感情的になっていて、どうしてそんなことになってしまったのか、こちらもわからないときなどには、クローズドクエスチョンから問いかけ始めてみてください。

「どうしたの？」だと答えにくくても、「友達とケンカしたの？」であればイエスかノーで答えられますから。そこから少しずつ理由を聞き出していけるといいですね。

ちなみに、このようなやりとりから、自分の感情をだんだんと外側の言葉（外言）にできるようにしていけば、内言も豊かに育ち、自分の感情のコントロールへつなげていくことが可能になります。

振り返りのサポートだけでなく、自分の感情をコントロールできるようになるためのサポートにもなりますので、ぜひ有効活用してみてくださいね。

持っておきたい「子育て軸」

みなさんは、第4章で紹介した非認知能力のピラミッドを覚えていますか？

ピラミッドの底辺にあったのは、「気質・性格・基本特性」でしたが、ここは変えることができないところでしたよね。

そして、その1つ上からは変えることができ、働きかけられるところでした。

そこにはまず、私たちの判断基準にもなり得て、意識のベースとなる「価値観」がありました。

この価値観には、人生観に始まり、いろんな価値観があるわけですが、みなさんはこれまで「子育て観」について、ご自身がどのような価値観を持たれているのか考えてみたことはありますか？

言い換えるなら、みなさんが子育てをされる上での「子育て軸」というやつですね。

みなさんが子育てをしていく中で、何か判断が求められるときの基準であったり、わが子をほめたり注意したりする基準であったり……。こうした子育て軸は、みなさんご自身の価値観によってつくられていくと言ってもよいでしょう。

もちろん、みなさんの子育て軸の前提には「やってはいけない」子育てがありますが、その上での「やってみたい」子育てには、みなさんそれぞれの子育て軸があってよいわけです。

そして、私たちがそれぞれに持っている子育て軸は、どれが正しくて間違っているというものではありません。

重要なのは、私たちが子育て軸を自覚できていて、その軸がブレていないかどうかということです。

これまでも何度かふれている、子どもたちが嫌がる「辻褄の合わない大人」というのは結局、子育て軸そのものがあいまいだったり、子育て軸がブレていることを見抜かれてしまっているんですよね。

ですから、みなさんにはぜひとも子育て軸をはっきり持っていただきたいですし、ブレにくいようにしていただきたいと思います。

それでは、みなさんの子育て軸がどんな軸になっているのかを、少しだけ一緒に明らかにしてみましょう。
次の質問に答えてみてください。

Q1：あなたの子ども時代（18歳になるまで）について、あなたは全体的に満足していますか？
□満足している
□どちらかといえば満足している
□どちらかといえば満足していない
□満足していない
□どちらともいえない

Q2：あなたの保護者は、あなたが満足するような子育てをされていましたか？
□満足できる子育てだった

□どちらかといえば満足できる子育てだった
□どちらかといえば満足できない子育てだった
□満足できない子育てだった
□どちらともいえない

Q3：あなたの保護者の方は、あなたのことをほめて育ててきましたか、それとも叱って育ててきましたか？
□ほめて育ててきた
□どちらかといえばほめて育ててきた
□どちらかといえば叱って育ててきた
□叱って育ててきた
□どちらともいえない

Q4：あなたは、あなたのお子さんにもあなたと同じような子ども時代を過ごして

ほしいと思いますか？

□思う
□どちらかといえば思う
□どちらかといえば思わない
□思わない
□どちらともいえない

このQ１〜４は、あなた自身の子ども時代をベースにした子育て軸です。

どれが正しいということではなく、みなさんご自身がされようとしている子育てを、みなさんのこれまでの成育歴（子ども時代）と重ね合わせてみたときに、成育歴に影響を受けているのかどうかを把握することができます。

ただしこれは、特定の項目を選んだら何かのタイプに紐づけられるというものではなく、ご自身の子育て軸への理解を深めていただくためのものです。

例えば、自分の子ども時代をかなり肯定できるから、わが子にも自分のような子ども時代を過ごしてほしいと思っているかもしれません。

逆に、保護者の方から叱られてばかりで、不満も残っているから、そのことを反面教師にしているという方もいらっしゃるかもしれないですね。

このように、子ども時代がいまのご自身の子育て軸に与える影響を把握しておいてください。

それでは、次の質問です。

Q5：あなたは、あなたのお子さんにどのように対応できるようになってほしいですか？

- □行動する前に、あらかじめ計画を立てた上で対応できる
- □思いついたら行動して、あとは臨機応変に対応できる
- □どちらともいえない

Q6：あなたは、あなたのお子さんにどのような経験をしてほしいですか？

□確実な成功をつかみ取る経験
□成功よりも失敗から学べる経験
□どちらともいえない

Q7：あなたは、あなたのお子さんに何を一番大切にしてほしいですか？

□社会的・経済的な成功
□友達などの人間関係
□自分自身の欲求に対する満足
□平凡だけど平和な日々
□いずれでもない

Q8：あなたが、あなたのお子さんに一番のばしてほしい非認知能力はどれですか？

□忍耐力や自制心などの「自分と向き合う力」

□意欲や向上心などの「自分を高める力」
□コミュニケーション力や協調性などの「他者とつながる力」
□いずれでもない

このQ5～8は、あなたが子どもの育ちや将来についてどのようなイメージを持っているのかを把握するための質問です。

「やってはいけない」子育ての通り、みなさんとお子さんとは別の人格であり、イメージした通りにお子さんが育ってくれるわけではありません。

しかし、みなさんのイメージがお子さんになんらかの影響を与えることも、否定できません。

Q8などは、お子さんによっても違ってくるかもしれませんが、みなさんご自身が願いとして持っていることを鮮明にしておきましょう。

すると、みなさんがお子さんのどこを特に見取ろうとしているのか、何についてほめたり注意したりしているのか、その傾向も見えてきます。

繰り返しになりますが、決して、その傾向がよいとか悪いとかという話ではありません。

これらの質問を通してご自身の子育ての傾向を知っていれば、何か迷いが生じたときにも、自信を持って目指す方向を選択したり、お子さんへ提案したりすることができるでしょう。

Q9：あなたは、子育てについての新しい情報を知ったとき、その子育て情報をどうしますか？

□すぐに取り入れる
□取り入れるかどうかを吟味《ぎんみ》する
□まったく取り入れない
□どちらともいえない

Q10：あなたは、あなたと周囲の子育てが違っているときに不安を感じますか？

□不安を感じる
□どちらかといえば不安を感じる
□どちらかといえば不安を感じない
□不安を感じない
□どちらともいえない

Q11：あなたは、子育てに悩んだときに誰かに相談することはありますか？

□相談して、相手の助言を聞く
□相談するが、相手の助言はときどき聞く
□相談するが、相手の助言はあまり聞かない
□相談しない
□どちらともいえない

Q12：あなたは、あなたの子育てによってわが子を変えられる自信がありますか？

□自信がある
□どちらかといえば自信がある
□どちらかといえば自信はない
□自信はない
□どちらともいえない

このQ９～12は、みなさんの子育て軸がどれぐらいブレやすいのかを把握するための質問です。

Q12は、とても顕著ですよね。

自信があるということは軸がブレないわけですし、周囲からの子育て情報の取り入れ方や、相談相手からの助言の聞き入れ方などからもよくわかります。

ただし、ここでも注意が必要なのは、自信満々だからよいという話でも、周囲から聞き入れてばかりだから悪いという話でもないということです。

自信満々でブレないということが、意固地で頑《かたく》なな子育てにつながってしまうかもしれません。

ときには、周囲に相談して、アドバイスをもらったほうがよいときだってあるでしょう。

一方、次々と新しい子育て情報に飛びつき、周囲と一緒であろうとばかりしている場合は、子育て軸がブレてしまっていますよね。

こちらもこれまでと同様に、ご自身にどのような傾向があるのかを知っておいていただき、みなさんの子育て軸が、ブレるのではなく必要に応じて修正できるしなやかな軸になっていくとよいですね。

「やってみたい」子育てへ進むために

ここでは、本章の締めくくりとして、みなさんが「やってはいけない」子育てから「やってみたい」子育てへと進んでいくためのポイントを提案しますね。

ポイント① 前向きにあきらめる

親と子どもは別人格であるからこそ、わが子は「依存しながらも自立していく存在」としてかかわっていくことが大切でしたね。

このようなスタンスでお子さんとかかわっていけば、わが子と健全に合意をつくることもできやすくなるでしょう。

しかし、どうしても子どもは親に依存しなければ育っていけません。

わが子は守り支えるべき存在ですが、それと同時に、親の所有物のようになってしまう危険性もあります。

だからこそ、子どもの権利条約やこども基本法にならって、子どもは権利を持っている一人の人間であるという意識を強く持てるようにしてきたのですが、それでもやはりその意識を持ち続けることが難しい場合もあります。

そこで、私から提案させていただきたいのは、「お子さんのことを前向きにあきらめてください」という考え方です。

一般的に「あきらめる」というのは、後ろ向きな意味として使われるわけですが、ここではあえて前向きな意味であきらめるという言葉を使っています。

「どうなってもいい」と投げ出したり、放ったらかにしたりするということではありません。

そうではなくて、「あきらめる」ということを、その子が育っていく上で、むしろよいことにしてしまうんです。

よく「夫婦関係が長く続く秘訣は期待しないこと」と言われる方がいらっしゃいますが、この感覚に近いかもしれません。

期待をするから夫婦間に衝突が生まれてしまいやすい。それなら前向きに期待をしないことで、夫婦間に衝突が生まれないようにするという考え方です。

子どもが親に依存せざるを得ない間はどうしても、私たちは「この子は、私たちがいないとだめだ」「私がこの子を育ててあげないと」などの思いを強くしてしまいます。

その思いが、今度は「この子はもっとできるようになる」「この子ならきっと○○できる」といった期待にまで発展してしまいます。

お互いに別々の人間なんだから、「言うことを聞いてくれないのが当たり前」だし、「わかり合えないことだって当たり前」です。

このように、前向きにあきらめることで前提を変えてしまえば、本章でも提案した「当たり前」を「有難い」に変えていくことにもつなげられるのではないでしょょうか。

ポイント② ロールモデルになってみよう

みなさんが子どもの頃に憧れていた人はだれですか？

ここ最近でしたら、野球選手の大谷翔平さんは、多くの子どもたちが憧れる存在でしょうね。

漫画のキャラクターなら、少し前になりますが『鬼滅《きめつ》の刃《やいば》』の映画で存在感が大きかった煉獄《れんごくきょうじゅろう》杏寿郎も人気がありました。

みんな、外見だけではなくてその人の発言や振る舞い方などを見ながら、その人の人格（人間性）に惹きつけられていくのでしょう。

ここには、私たちそれぞれの価値観がかなり大きな影響力を持っているように思います。

その相手と、何か価値観が通じ合うというか、共有できるというか……だから惹きつけられたり、憧れたりするわけです。

このように、私たちが「あんな人になってみたい」と思えるような存在のことを「ロール（役割）モデル」と呼びます。

このロールモデルは、先ほどの大谷翔平さんのように実在するかなり遠い存在であったり、煉獄杏寿郎のように架空の存在であったりします。

そして、もっと身近な家族や友達、学校の先生がロールモデルになることもあります。

遠い存在や架空の人となると、どうしても見えるところが限られているため、なんとなくその人全体にあこがれを持ってしまうのに対して、近しい人の場合は、こういう場面では〇〇さんみたいに……とか、△△さんのような考え方したいな……とか、□□さんがやっているなら私も……とか、部分的にロールモデルにしていることも少なくありません。

わが子に「勉強しなさい」という指示を出すのをやめて、わが子の目の前で親もなんらかの勉強に励んでいる姿を見せてあげたことで、その子も自分から勉強を始めるようになったというケースもあります。

これは、「勉強する」という行為について、身近な親がロールモデルになったと言ってもよいでしょう。

また、新しいことに挑戦する姿や、何か楽しい趣味に没頭する姿を見せるのもいいですね。

その逆で、親があいさつをしないと、子どももあいさつをしなくなってしまいます。

先ほどのよい習慣と悪い習慣の関係のように、悪いお手本もロールモデルになってしまうので、気を付けなければなりません。

さらに、価値観や考え方についてもロールモデルになる場合があります。

これらに関しても、必ずしも言葉を通して伝わるのではなく、普段の行動や発言の中から、共有されていくことも少なくありません。


結局のところ、私たち大人を見て育つのが子どもです。

親としてロールモデルになるのか、逆に反面教師になるのか……。

いずれにしても、「大人が変われば子どもも変わる」ということを私たち大人は肝に銘じておかなければなりませんね。

ポイント③　弱さを積極的に見せてしまいましょう

私たち親はロールモデルになり得るという話をしましたが、そうなるといかにもみなさんが「できる大人」にならなくてはいけないと思いがちですよね。

でも、改めて読み直してみてください。

私は、大人がときに勉強してみたり、新しいことに挑戦したり、楽しいことに没頭したりという例は出しましたが、決して大谷翔平さんのようになってくださいとは言っていません。

別にスーパーな人がロールモデルであると言っているのではなく、例えばわが子に粘り強さを願うなら、最後まであきらめない親の姿を見せればいいし、やる気を出すことを願うなら、積極的に何かに挑戦する姿を見せればいいし、コミュニケーション力を願うなら、気持ちの良いあいさつをする姿を見せればいいということです。

その上で、私から1つみなさんにおすすめしたいことがあります。

みなさんの子ども時代の中で、できなかった話や失敗談などを可能な範囲でお子さんに話してみるというのはいかがでしょう？

みなさんの子どもの頃の自慢話や武勇伝よりも、案外お子さんへ届くかもしれません。

そして、親のそんな一面を知ったお子さんは、きっとどこかで安心感を持つことができると思います。

いま現在の、がんばろうとしている姿を見せるのは、お子さんにとってよい刺激になると思いますが、みなさんの子ども時代のイケている話を出され、さらにいまのお子さんの姿と比較でもされた日には、お子さんからするとたまったものではありません。

「私もできなければならないんだ」というプレッシャーを過度に与えてしまうことになりかねないんです。

私たちの大半は、いつも成功者でいられるわけではありません。

たとえ普段は強がりを言っていても、学校で本当にイヤなことやつらく悲しいこと、うまくいかないことがあったときに、その弱さをさらけ出せる相手が、最も身近な親であればどれだけ幸せなことでしょう。

そんな存在になるためにも、強い姿やイケている姿ばかりを見せようとするのではなく、自分の子どものときにもこんなことがあったんだと、弱い姿やイケていない姿をもっとオープンにしてみませんか。

「当時の自分と比べて、いまのあなた（わが子）の方が、とても素晴らしいと思う」くらい言ってあげてもいいでしょう。親と子が遠慮なく弱さを共有できる……。そんな安心感のある関係性を築きたいものですね。

ちなみに私は、小学1~2年生のときに友達がごく少数しかいなかったこと、小学4年生のときに便器顔洗い事件というイジメの被害を受けたことなども子どもたちにオープンにしています。

「生きていればつらいことだってある！　弱い自分がイヤになることもある！　でも、それを受け入れられないことが一番キツイ！　だから、思いっきりさらけ出そう！」

この考え方が、私の価値観の1つになっているように思います。そして、いま私はこのことを、子どもたちへ行動で示しているんでしょうね。

この3つのポイントを押さえていくと、子育てに不安になりすぎなくても大丈夫だと思えるようになりませんか？

わが子に委ねてしまうことがわが子の育ちにとってもベストなことと思えば、前向きにあきらめることができる！

迷ったときにはお子さんに直接たずねてみるのもいいのではないでしょうか。

まず何よりも「やってはいけない」子育てをやらないこと、そして、できるところから「やってみたい」子育てもやってみてください。

おわりに

みなさん、本書を最後までお読みくださってありがとうございました。
「やってはいけない」というパンチの利いたタイトルから始まった本書でしたが、読み終えていかがでしたか？

子育てってあれもこれもしないといけない、何かやっておかないとみんなから乗り遅れた感じがする……。
そんな見えないプレッシャーを感じている保護者の方が、この本を読まれて少しでも「気が楽になった」と思っていただけることを強く願いながら書き始めました。

これほどまでに時代が大きく激しく変わっていく中では、将来うちの子は大丈夫なんだろうか……と言い知れぬ不安に駆られてしまいますよね。

それでも、やっぱり子どもたちの将来は子どもたちに委ねなければなりません。

私たち親にできることは、結局のところ子どもが一人前になるための支えと、自立に向けての「前向きなあきらめ」なのかもしれません。

私の両親も、私のことを支えてくれながら、前向きにあきらめて育ててくれていたんだろうなと思うと、いまさらながら感謝です。

さて、本書を執筆しながら、「実際のところは、こんな本を書けるような完璧な親ではないんだけどな……」と思い続けていました。

たぶん……いや、間違いなく、私の妻がこの本を読んだら、「よく書けたね」と冷たい笑みを浮かべるでしょう。そのイメージしかありません。

そして、恥ずかしさと同時に、本書を書くにつれて、妻に対する感謝の思いが改めて強く芽生えました。

そんな妻のおかげで、いまだに「私、ほんと幸せだわぁ」と言ってくれる中3の娘、「うるせぇ」と言いながらやさしい小3の息子、なぜか3月から鯉のぼりにはまりまくっている4歳の息子……みんな健やかに育ってくれています。

妻にも子どもたちにも感謝です！

本書を書き進めながら、子どもたちには、「あのときはやっちまったぁ〜、ほんとごめんなぁ〜」と頭の中で何度も謝っていました。

それなのにいま、こうして育ってくれている子どもたち、本当にありがとう！

これからもがんばって「やってはいけない」子育てを、まずはやらないようにします！

ですからみなさん、これからも一緒に子育てをがんばっていきましょう！

もし、みなさんがこの本から何か手ごたえを感じられたときには、ぜひそのエピソードを教えてください。

そのときは、私も一緒に幸せな気持ちになれそうです！

さて、最後になりましたが、本書のご提案を私にくださり、私をあたたかく支え、とってもタイトなスケジュールの中で出版まで見事にこぎつけてくださった日本能率協会マネジメントセンターの加藤実紗子さんに、この場をお借りして感謝の思いをお伝えいたします。

２０２３年６月

中山　芳一

参考文献

・中山芳一『学力テストで測れない非認知能力が子どもを伸ばす』東京書籍、2018 年
・中山芳一『家庭、学校、職場で生かせる！　自分と相手の非認知能力を伸ばすコツ』東京書籍、2020 年
・中山芳一『学童保育実践入門―かかわりとふり返りを深める』かもがわ出版、2012 年
・小口尚子、福岡鮎美『子どもによる 子どものための「子どもの権利条約」』小学館、1995 年
・岡本夏木『ことばと発達』岩波書店、1985 年
・岡本夏木『認識とことばの発達心理学』ミネルヴァ書房、1988 年
・鯨岡峻『ひとがひとをわかるということ　間主観性と相互主体性』ミネルヴァ書房、2006 年
・鯨岡峻『子どもは育てられて育つ　関係発達の世代間循環を考える』慶應義塾大学出版会、2011 年
・安彦忠彦編著『子どもの発達と脳科学―カリキュラム開発のために』勁草書房、2012 年
・田丸敏高、河崎道夫、浜谷直人編著『子どもの発達と学童保育　子ども理解・遊び・気になる子』福村出版、2011 年
・心理科学研究会編『小学生の生活とこころの発達』福村出版、2009 年
・ポール・タフ（高山真由美訳）『私たちは子どもに何ができるのか―非認知能力を育み、格差に挑む』英治出版、2017 年
・諸富祥彦編著『ほんものの「自己肯定感」を育てる道徳授業　小学校編』明治図書出版、2011 年
・高垣忠一郎『生きることと自己肯定感』新日本出版社、2004 年
・ジェームズ・J・ヘックマン（大竹文雄解説、古草秀子訳）『幼児教育の経済学』東洋経済新報社、2015 年
・遠藤利彦「非認知的（社会情緒的）能力の発達と科学的検討手法についての研究に関する報告書」『平成 27 年度プロジェクト研究報告書』国立教育政策研究所、2017 年
・中室牧子『「学力」の経済学』ディスカヴァー・トゥエンティワン、2015 年

中山芳一（なかやま よしかず）

岡山大学教育推進機構 准教授。

専門は教育方法学。1976年岡山県生まれ。大学生のキャリア教育に取り組むとともに、幼児から高校生までの子どもたちが非認知能力やメタ認知能力を向上できるよう尽力している。さらに、社会人対象のリカレント教育、産学官民の諸機関と協働した教育プログラム開発にも多数関与。学童保育現場での実践経験から、「実践ありきの研究」をモットーにしている。

「やってはいけない」子育て
非認知能力を育む6歳からの接し方

2023年7月10日　初版第1刷発行

著　者——中山芳一

発行者——張 士洛
発行所——日本能率協会マネジメントセンター
〒103-6009　東京都中央区日本橋 2-7-1 東京日本橋タワー
TEL　03(6362)4339(編集)／03(6362)4558(販売)
FAX　03(3272)8127(編集・販売)
https://www.jmam.co.jp/

カバーデザイン ——— 西垂水 敦（krran）
本文デザイン・DTP —— 内海 由
イラスト ———— とりやま いろ
写真 ———— 祐實とも明
印刷・製本 ———— 三松堂株式会社

ISBN　978-4-8005-9120-3　C0037
落丁・乱丁はおとりかえします。
PRINTED IN JAPAN